〈新版〉
自分を支える心の技法

名越康文
Nakoshi Yasufumi

小学館新書

はじめに

職場で上司や同僚とのコミュニケーションがうまくいかない、家族との会話が嚙《か》み合わない、悪い人ではないのだろうけど苦手なご近所さんがいる、ある知人とは会うたびにケンカになってしまう……。

そういう悩みを抱えている人は、みなさんが思っている以上にたくさんいます。ほとんどすべての人が、程度の差こそあれコミュニケーション上の課題を抱えているといってもいいでしょう。『○×会話術』や『コミュニケーションの達人になる○○の方法』といった本が引きも切らずに出版され続けているということがそれを証明しているし、逆にいえば、その手のハウツー本は気休めになりこそすれ、根本的な解決までには結びつかないことを証明しているようにも思えます。

コミュニケーション上の課題とは、すなわち対人関係の問題です。「仕事のやる気が出ない」というのは、一見個人だけの悩みのようですが、その根っこには、ある同僚の行動がどうしても許せないという背景があったり、「生きていくのが辛《つら》い」という悩みの裏には、家族との葛藤があったりするのです。

では、そうした対人関係の課題を根本から解決するためにはどうしたらいいのでしょうか。僕は大学を卒業後、精神科医として13年ほど病院で働き、その後は個人クリニックで患者さんを診たり、自分なりに研究を重ねたりしてきました。その経験から得られた結論は、「人間関係の問題を解決するには、結局のところ、自分の心に向き合うしかない」ということです。もう少し踏み込んでいうと、対人関係をスムーズにするには、相手の気持ちを変えるのではなく、自分自身の心のありようを変えていくことが大事だ、ということなのです。

これは当たり前のようで、じつはあまり省みられていない方法論といっていいでしょう。いまの時点では、わかったようでわからない話かもしれませんが、少しでも興味を覚えた方は、レッスン1から順に読み進めてください。全部で8つのレッスンを実践しながら読んでいただければ、みなさんの対人関係、ひいては世の中を見る視点に少なからず変化をもたらすことができると自信を持っています。
それでは講義を始めましょう。

この本は医学書院から２０１２年に発行された単行本『自分を支える心の技法
対人関係を変える９つのレッスン』を再編集し、著者自身が大幅に筆を加えたも
のです。

〈新版〉自分を支える心の技法

目次

レッスン1

「心」とは何か

自分の「心」を見つめる

対人関係やコミュニケーションの問題を解決するにはどうしたらいいのか。最初に結論を述べてしまうと、「自分の心をいかにコントロールするか」に尽きます。「こんな人がいて困る」とか「あの人にこんなことをいわれた」というふうに、他人の言動にとらわれる前に、自分自身の心を見つめ直しましょう。これが僕の考える対人関係をスムーズにする技法の第一歩であり、結論でもあります。

でも、いきなりそんなことをいわれても「ぽかーん」としてしまいますよね。百歩譲って、「心のコントロールが大事だ」ということは納得できても、「それに尽きる」とまでいわれると、ちょっと抵抗を覚える方もおられるでしょう。そこでまず簡単なエクササイズをお願いしたいと思います。

まず、この本を脇に置きましょう。そして、静かに座って目をつぶり、自分の心を観察してみてください。

床にあぐらを組んでも、椅子に座ってもかまいませんが、必ず背筋を伸ばします。呼吸を整え、目をつぶって3分間、自分の心の動きを観察してください。キッチンタイマーなどがあれば、それで時間を計っていただいてもけっこうです。もし眠くなってしまうようであれば、背筋が伸びきっていない証拠。ピシッと姿勢を正して、自分の心の動きを観察することに集中してください。

〈エクササイズ〉心を見つめる
椅子に座って背筋を伸ばし、目をつぶる。静かに呼吸をしながら、3分間、自分の心を観察する。

はい、3分たちました。いかがでしょうか。いろいろな想念が浮かんできたのではないかと思いますが、このエクササイズの意味は、読み進めていただくうちに、次第に明らかになってきます。いまの時点では、この「**座って3分間、自分の心を観察する**」という方法こそが、本書で紹介する技法のなかでも最重要である、ということを心に留め、読み進めてください。

誰も「心とは何か」を知らない

人事や営業、医療職といった対人関係のお仕事をされている方を対象とした講座では、僕は必ず「人間の心の成り立ち」について、時間をかけてお話しするようにしています。最初に述べたとおり、僕は人間関係の問題はつまるところ、僕たち一人ひとりの心の問題だと考えていますが、「では心とはなんですか」と問われると、明確に「これです」と指し示すことは誰にもできません。つまり、僕らは「心とは何か」ということについて、ほとんど何も共有しないまま、心理や人間関係のことを考えてしまっているところがあるのです。

ですから最初に、少なくとも僕が考える「心」のイメージについて、みなさんとのあいだに、ある程度の共通認識をつくっておきたいと思います。

ちなみに、僕がいま行っている大学の授業では前後期26回の授業のうち前期の半分、すなわち6回ぐらいをかけて「心の成り立ち」についての講義をしています。僕らが生まれてから今日に至るまで、どのようにして「心」なるものを構築してきたか、というところから始めて、90分×6回、合計9時間ほどの時間をかけて「心とは何か」について受講生とのあいだに共通認識をつくるのです。

面倒なようですが、ここで時間をかけておくと、心を巡るさまざまな問題について、それぞれの人が自分で考え、応用する力がついてきます。仕事はもちろん、あらゆる対人関係の現場では、常に想定外のことが起きます。そこでは、教条的なマニュアルではなく、自分で考え、判断する力が求められます。現場で臨機応変に対応するためにも、「心とは何か」という問いにしっかり向き合っておく必要があるのです。

裏を返せば、僕らは普段、「心とは何か」という問題には目を向けないようにして生きているということでもあります。

僕らは「心とは何か」についてまったく考えないまま、怒ったり、喜んだり、妬《ねた》んだり、苦しんだりと、心に翻弄されています。でも、「僕らがあえて目を向けようとしないところ」にこそ、物事の核心があるのです。

ただし、これから述べる心の性質や成り立ちについての話に100%同意していただく必要はありません。というよりもむしろ、そのほうがいいとさえ思っています。

「心とは何か」についての科学的、客観的な定義がない以上、僕の話も仮説にすぎない、ということは言うまでもありませんが、それ以上に僕は、みなさんが僕の話をヒントに「心とは何か」という問いをさらに深めていってくれることを望んでいます。

講義を受けたり、本を読んだりすることの本当の目的は、「思考をあおり立てられること」にある、と僕は考えています。みなさん一人ひとりのなかにある常識的な人間観や、普段あまり疑おうとは思わない、心に関するある種の前提のようなものを揺り動かすことができれば、ほとんどそれで本書の目的は達成したといえるのです。

とはいえ、僕の話は理解しがたい珍説というわけでもありません。本心をいえば、尊敬するミシェル・フーコー（フランスの哲学者。1926～1984）や、ジャック・ラカン（フランスの哲学者、精神科医。1901～1981）のように、誰もついていけないような講義をしたり、誰もわからないような本を書いてみたりしたいと思っています。

ラカンの講義録など、何度読んでも、僕にはまったく理解できませんが、そこには圧倒的な喚起力があります。数行読むだけで、新たな発想が次々にわいてきます。そんな不思議な力を持つ話を、僕もしてみたいと思うのですが、残念ながら力及ばず、みなさんの理解をはるかに超えるようなすごい話はできません。

それは心底、僕の才能のないところだと思うのですが、その分、尊敬する先達よりは、それなりに了解していただける話になっているとも考えているのです。

心は一瞬で変わる

僕は大学の医学部で（西洋）医学を学んだあと精神科医となり、病院で13年間仕事をしてきました。その間、精神医学や心理学を中心に、それなりに多くの本を読み、講義を聴いてきましたが、「心とは何か」ということについて自分が納得できる、あるいは、「あ、これは実践に使える」と得心できる説明には出会えませんでした。心理学、あるいは精神分析には、僕が現場をとおしてずっと感じてきたある実感に答えてくれるものがなかったのです。

その実感というのは、ひと言でいうと「心は一瞬にして変わる」ということです。「心は一瞬にして変わる」とはどういうことか。それを最初に痛感したのは、僕が研修医として最初に精神科病棟を訪れたときのことです。初日の挨拶のあと、指導医のT先生の後ろについて重度の精神疾患を持つ患者さんが入院する閉鎖病棟を見学しました。当時の閉鎖病棟は、非常に状態の悪い患者さんもいて、卒業したての新米にとっては、カルチャーショックを受けざるをえない環境でした。

その次に回ったのが思春期病棟。ここは、先の閉鎖病棟に比べてずいぶん静かだと感じました。T先生も「名越先生、ここは勝手に見て回ってくれていいですよ」とおっしゃって、どこかに立ち去られました。

僕は患者さんに挨拶しようと思い、大部屋や個室、あるいは食堂などを見て回りました。にこやかに声をかけてくれる患者さんもいて、先ほどの閉鎖病棟に比べたら落ち着いたところだな、と少し安心していたのです。

ひととおり見終わったところで、案内してくれていた看護師さんが「T先生ももうすぐ戻らはると思います。ここで待っててくださいね」と声をかけてくれました。そこでホールで待っていると、女性の患者さんが、「センセ、センセ」と声をかけてきて、目の前に座りました。僕が「今日からこちらで勤めさせていただきます名越です」と挨拶をして、患者さんがヘラヘラッと笑った次の瞬間、事件は起きました。

患者さんと僕との距離は1メートルもありません。はっと気づいた瞬間、僕はかなり強いビンタを「バシッ！」と左ほほに喰《く》らっていたのです。驚いて彼女のほうを見ると、彼女の表情にはまったく変化が見えず、相変わらず笑っています。看護師さんが気づいて「○○ちゃん、何すんの！」とたしなめていましたが、僕は「ああ、いやいや、大丈夫です」と言いながらも、激しく動揺し、しばらく呆然《ぼうぜん》としてしまいました。

看護師さんは落ち着いたもので、「先生、あの子はときどき手が出るから注意してや」と笑顔で話し、あとでT先生にその話をしたときも、「ああ、そうか。しゃあないやっちゃな、あいつは！」と笑っている。

そのとき、「患者さんには親切に」とか「笑顔で接しましょう。そうすれば気持ちが伝わります」といった、日常的な人間関係の基本前提みたいなものが崩れたように感じました。逆にいうと、僕らが普段、友達や恋人と曲がりなりにも継続的な人間関係を取り結べる前提には、ある種の予定調和がある。そうした予定調和が崩れたとき、僕らは身動きできないくらいショックを受けてしまうのだということを、身体《からだ》で理解することができたのです。

よく考えたら、たかが女の子のビンタです。僕は当時27歳の男で、大学のときは一応、空手をやっていましたから、「女の子のビンタひとつで自分の身体が硬直してしまった」というのは正直、ショックでした。

しかしそれと同時に、さまざまなことを考えさせられる、得がたい体験にもなりました。ここから僕が引き出したひとつの答えが「人の心は一瞬にして変わる」ということだったのです。

この女の子のエピソードは特殊な例だと思われるかもしれませんが、その後、いろいろと学びを重ねるうちに、このときの体験が特殊なものではなく、人間の心の本質に触れるものだったという確信は深まっていきました。

一見、連続性があるように見える僕やあなたの心も、一皮剝《む》けばあの女の子の心と同じように、いまこの瞬間もころころ変わっている。人の心は一瞬にして変わる。いま何かを考えていても、次の瞬間には、まったく連続性なく、ほかのことを考えている――。そうやって変わり続けているのが、僕の考える人の心のありようなのです。

変化のスピードは光の17倍

「心は一瞬で変わる」ということは、読者のみなさんも経験的に実感されていると思います。たとえば「あの人に会いたい」と思い続けて日々を過ごしてきて、ようやく都合がついて実際に会うことができた。でも、喜んだ10分後には「ああ、退屈……」と気分が萎《な》えている、という経験はないでしょうか。それどころか、「久しぶりに会った愛しい恋人と、30分後に大げんか」ということすらあります。あるいは逆に、朝から「今日はなんか気持ちが沈んでいる。最悪な気分……」と思っていたのに、身支度して外に出て太陽の光を浴びた瞬間、ぱっと気分が晴れて、元気になることもあるでしょう。

はたからは、そこまで劇的に心が変化しているようには見えないかもしれません。でも、それはむしろ、「ころころ変わる心をそのまま表出していてはまともに社会生活を営むことができないから、心を一定の状態に保つためにかなりのエネルギーを割き続けている」ということなのではないでしょうか。その制御に失敗してしまうことを僕らは「病」と呼んでいるだけで、じつは、すべての人の心は、激しく荒れくるうように変化を続けているのではないか――。

これが、研修医のころに体験した事件を出発点として、その後、精神科の臨床のなかで心について考え抜いた末に僕が至った認識です。

しかし、その後学んだ心理学や精神医学では、「人の心は一瞬で変わる」と説明するものは見当たりませんでした。僕程度が思いつくことはこれまでにも誰かが思いついていてもおかしくないのに、「心は一瞬にして変わる」という観点から心の問題を取り扱った言説はほとんど見受けられない。これはなぜなのか。おそらく、誰も気づいていないなどということはなく、単に書かれてこなかったということなのだと思います。

「心とは何か」というテーマの難しさは、非常に言語化しにくいという点にあります。なぜ言語化しにくいかといえば、それが「瞬間ごとに変化し続けている」からです。言葉は、対象を「止める」ことによってはじめて記述することができる。だから本質的には、変わり続ける心を言語化することは不可能なのでしょう。言語化できないものは、科学になじみません。

逆にいえば、「心は一瞬にして変わる」という性質を無視することによって、はじめて心理学は「学」として成立し、公に認められるようになった、という側面があるのだと僕は思います。

ところが、この話にはひとつだけ例外があります。つまり、「心は一瞬で変わる」という視点で書かれた心理学が、２０００年以上前に存在したのです。それが、僕が「東洋の心理学」ととらえる仏教です。「心の速度は光の17倍ある」と述べる教典があると聞いたとき、僕は「これこれ！」と興奮したものです。

「心は一瞬にして変わる」というテーマについて、仏教はなんらかの答えを持っているのではないか。そう考えた僕は足掛け5年ほどのあいだ、ずっと仏教の研究をしてきました。その結果、僕が想像していた以上に、仏教の体系は本当の意味で科学的であり、人の「心」の本質に触れるものだということがわかってきたのです。

心に生じた感情は「本物」ではない

「心は一瞬にして変わる」ということについて、もう少しイメージをつかんでいただくために、ひとつのたとえをあげてみます。

「明鏡止水《めいきょうしすい》」とか「大円鏡智《だいえんきょうち》」という言葉を聞いたことがあるでしょうか。いずれも、静かに研ぎ澄まされた、真実をありのまま受け取ることができる心の状態を示す言葉です。まったく波立っていない水面は鏡のように物を映しますが、そこに小石をひとつ投げ込めば、たちまち水面は揺れ動き、何も映さなくなってしまいます。それまで空に浮かぶまん丸なお月さまが映っていたとしても、少し波立っただけで、もうその姿を見ることはできなくなるでしょう。

実際は僕も含めて、ほとんどの人の心は四六時中、小石を投げ入れたどころではない大嵐状態です。修行を積んだ宗教者でもなければ、人の心は一瞬ごとに変化を続け、そのたびに嵐が吹き荒れているような状態だと考えて間違いはありません。当然、水面にきれいなお月さまを映すことなどできるはずがないのです。

僕らの心は一瞬で変わり続けているため、真実を正しく映し出せていない可能性が高い。だとすれば、心に生じた感情が「本物」ではない可能性もまた大きい、ということになります。僕らはしばしば、心のなかに生じた「怒り」や「妬み」といった感情を、実体としてかなりのリアリティをもってとらえてしまいがちです。しかし、もし心が「一瞬で変わる」のであれば、それらはすべて実体のない、幻にすぎないものだということになります。

同時に、もし心が一瞬で変わるなら、なんらかの方法によって、自分の心を一瞬のうちに変える、あるいはコントロールできる可能性がある、ともいえるでしょう。怒りにとらわれた心をもし一瞬のうちに切り替えることが可能ならば、それは対人関係の問題を考えるうえで、大きな希望だといえます。

〝暴れ馬〟をどう制御するか

「〝心は一瞬で変わる〟という説は、仏教や名越がいっているだけで、信用できない」という方もおられるでしょう。ここで、15ページで行っていただいたエクササイズを思い出していただきたいと思います。やっていない、という方は、先を読み進める前に3分間、背筋を伸ばし、目をつぶって、自分の心を観察してみてください。

これはのちほど紹介する瞑想法《めいそう》の簡易版のようなものですが、「人の心は一瞬で変化する」ことを実感する、いちばん簡単な方法でもあります。

――いかがでしょうか。ほとんどの人は、あまりにもいろいろな想念が、入れ替わり立ち替わり頭のなかを駆け巡っていることに驚かれるのではないかと思います。「明日の仕事、どうしよう」と思いわずらっているかと思ったら、次の瞬間には「あの人に嫌われていないかな」と考え、さらに「実家のお母さん、元気かな」という想《おも》いがよぎる。そんなふうに、僕らの頭のなかではひっきりなしに、まったく関連性のない想念が渦巻いています。そして、この変化を意識的に鎮めることが非常に難しい、ということも、実際にエクササイズに取り組んでいただければ、すぐに了解できるでしょう。

自分の心が、自分では制御しきれないくらいの暴れ馬であるということに気づく。これは、「心とはどのようなものか」を知るうえでも、対人関係の対応力を高めるうえでも、非常に重要な認識です。

心というものは、固定的な構造物ではなく、一瞬ごとに変わり続けている存在である。たとえるならそれは映画のようなものです。映画の映像は一見、連続性があるように見えますが、実際には1秒間に24コマの別々の静止画が入れ替わり立ち替わり映写されているだけです。心のなかもそれと同じくらいかそれ以上に、一瞬ごとに変化を続けているのです。

映像には、サブリミナル効果というものがあるといわれています。24コマのうち1コマをまったく別の画像に差し替えても僕らはそれと気づかないけれど、意識にのぼらないだけで脳はその一瞬の画像を認識している。だからその1コマを、たとえばある飲料メーカーの飲み物の画像に差し替えておくと、映画を見終わった人は無意識のうちにそれを飲みたくなる、という話です。

それと同じように、僕らは普段、自分の心が一瞬ごとに変化し続けていることを意識していないし、それがどんなに悪さをしていても、なかなか気づくことができないのです。

心のなかで吹き荒れるエネルギーの本質は、言語化以前の衝動に近いような感情の嵐です。自分の心を見ることによって、そういう嵐が自分のなかにある、ということを認識した人は、自然と「この嵐をどうおさめていけばいいか」と考えるようになります。なぜなら、こんな暴れ馬がいたのでは、他の人とうまくコミュニケーションがとれないだろうし、状況を冷静に見て、的確な判断をすることなどとてもおぼつかない、ということが実感として理解されるからです。

〝暴れ馬〟である心をいかに制御するかが、対人関係を変えていくうえでの一大課題であるということを納得いただいたところで、レッスン1を終わります。

レッスン2
人はなぜ怒るのか

赤ちゃんはなぜ「泣く」のか

「心は一瞬にして変化する」ということをとりあえず共通認識としたうえで、次に心の成り立ちと対人関係、あるいはコミュニケーションの問題について話を進めます。

ここでひとつ、みなさんにお聞きします。

【質問】
「僕たちのコミュニケーションは、いつからこんなに大変になったのか」

いかがでしょう。子どものころからでしょうか、それとも思春期ぐらいからでしょうか。

ちなみに、この問いに正解はありません。仮説があるだけです。ですから自分なりに、自由に考えてみてください。他人と仲良くしたり、うまくやっていったりすることがこれほど難しくなってしまったのは、いつからなのか——。

いろいろな考えが浮かんだと思いますが、この問いに対する僕の答えは「生まれてすぐ」

です。**「僕たち人間は、生まれた直後から数年のあいだに大きな誤謬《ごびゅう》を犯す宿命にあり、その誤謬が、僕らのコミュニケーションの困難さを形づくっている」**と考えます。「子どもは無垢《むく》で純真」と考えることもできますが、こと対人関係の問題に限っていえば、大人と子どもに本質的に違いはありません。なぜなら、僕らのコミュニケーションの問題は、生まれた直後から始まっているからです。

少し意外な答えだったでしょうか。もちろんこれはあくまで名越式心理学の仮説です。テーマの性質上、厳密な意味での科学的検証には堪《た》えない、ひとつの「お話」でしかありません。しかし、この仮説は順を追って説明すれば多くの人に理解してもらえるものであり、一度頭に入れてしまえば、僕らの心や、対人関係について考えていくうえで大きなヒントになるものでもありますので、少し時間をかけて説明しましょう。

僕らのコミュニケーションは、「母親・子ども」という関係性のあいだでスタートします。もちろん、母親がいなくて父親に育てられた人もいれば、施設で育った人もいるでしょう。でも、「母親的な存在」はいたはずです。たとえば施設で育った人の場合、施設のなかで自分の面倒をみてくれた人を「母親的な存在」と考えてください。

人生の最初期のコミュニケーションは、必ず「母親的存在」とのあいだで営まれる——。

ここまでは事実と考えてよいでしょう。そして、僕らのコミュニケーションは、この母親的存在とのあいだに築いた関係性をひとつの基本、あるいは鋳型として、その後の人生のなかで育まれていくことになる、と考えられます。

では、次の質問です。


【質問】

「赤ん坊と母親のあいだの最初期のコミュニケーションは、何によって行われるか」


よく考えてみましょう。ヒントは「ひとりの例外もなく、全員、同じかたちでコミュニケーションを取ろうとする」ということ。

答えは、「おぎゃー!」です。つまり子どもは生まれてすぐ、「おぎゃー!」と泣くことによってコミュニケーションをスタートさせます。間違いありませんよね?

「失礼ですがあなた、私のお母さんでしょうか。オムツとかおっぱいとか、いろいろお手間をおかけしますが、どうぞよろしくお願いいたします」などと言う赤ちゃんは絶対いません。必ず「おぎゃー！」なのです。

では、「おぎゃー！」とはなんでしょうか。その第一声に関しては、教科書的には「生物として生まれてはじめての呼吸であり、呼吸をする苦しさによって反射的に出る泣き声でもある」と説明がなされます。そういう意味では、「おぎゃー！」は生理的、あるいは反射的なものと考えるのが妥当でしょう。しかしながら、人間関係的な観点からみると、かなり初期の段階から「おぎゃー！」は別の意味を帯びています。それは**「相手をコントロールする道具としての泣き声」**という側面です。

赤ちゃんが泣くのはどういうときでしょうか。それは「違和感のあるとき」です。たとえば空腹感や便意、あるいは暑い、寒いといった皮膚感覚による違和感を覚えたとき、赤ちゃんは「おぎゃー！」と泣きだします。そうやって泣きだした赤ちゃんに対して、お母さんは「わあ、暑かったね。汗いっぱいかかせてごめんね」と言いながら、世話をしてあげます。のどがかわいたらおっぱいをあげ、うんちをしたらオムツを替える。このとき、赤ちゃんはいずれも「おぎゃー！」と泣くだけです。

もう少し突っ込んだことをいえば、赤ちゃんはおそらくこのとき、「お腹《なか》が空《す》いた」とか「オムツが気持ち悪い」といった正確な認知はしていないと思われます。もちろん、本当のところは赤ちゃんに聞かないとわかりませんが、もっと漠然とした、身体的な違和感を覚えるたびに泣いているのではないでしょうか。赤ちゃんは言葉を持たないし、感覚も未分化である可能性が高いからです。

さて、ここまで生まれてすぐの「母親・子ども」のあいだのコミュニケーションを見てきましたが、いかがでしょうか。何を当たり前のことを、と思われますか。でも、じつはこのコミュニケーションのかたちを、僕らは大人になるまでずっと繰り返し、もしかすると大人になってからも、それを引きずっているのです。

赤ちゃんが生理的な違和感を覚えて「おぎゃー!」と泣く。そうすると、お母さんが「ごめんね」と言いながらお世話をする。じつはこの「ごめんね」もあとで解説するように、大きなポイントです。

赤ちゃんの欲求に応えようとするとき、母親はなぜか「ごめんね」と謝る。謝りながら、お母さんがいろいろなことをしてあげると、赤ちゃんの違和感は消える。赤ちゃんの視点からみると、「不快」が生じたら「おぎゃー！」と泣けば、母親が謝りながら自分のためにあれこれ世話を焼いてくれて、不快を解消してくれる――。

これが僕の考える、人間にとっての原初的なコミュニケーションの鋳型です。

怒りで他者をコントロールする

この原初的なコミュニケーションを駆動させているものは、「おぎゃー！」です。では赤ちゃんは何を思って泣くのでしょうか。

もちろんこれについても、実際には赤ちゃんに聞かなくてはわかりませんが、少なくとも喜んでいるわけではないでしょう。不快だから泣いているのです。オムツが濡れて「おぎゃー！」と泣いている赤ちゃんの感情を、ぜひ想像してみてください。「お母さん、悪いけどオムツ替えてくれないかな？　忙しいのにごめんね」とは思っていないはずです。もう少し強い感情でしょう。もしも赤ちゃんが言葉を話せたら「早《は》よせんかい！」という感じではないでしょうか。つまり「**怒り**」だと僕は考えます。

もちろん、本当のところは確認しようがありませんが、九分九厘、間違いないと思いませんか。**赤ちゃんの「おぎゃー！」は「怒り」の表明である。**泣いている子どもの顔を冷静に見てください。鬼瓦みたいな顔をして、真っ赤になっています。あれは、僕の目には怒っているようにしか見えません。だからこそお母さんは、泣きじゃくる赤ちゃんの顔を見て、ごくごく自然に「ごめんね」と言ってしまうのではないでしょうか。

赤ちゃんが不快を感じて怒る。そうするとお母さんが謝りながら不快を除去してくれる。人間の親子は、このパターンのコミュニケーションを、赤ちゃんが3歳になるくらいまで徹底して繰り返します。

赤ちゃんは1日に何回泣きますか？　言い換えれば、お母さんは1日何回、赤ちゃんの要求に応えてあげているでしょうか。ミルクだけでも1日に5、6回は飲ませます。オムツも替えるし、暑さ寒さへの対応もしなければいけません。いちばん大変なのは、寝かせることです。オムツもきれいだし、おっぱいも飲ませた。空調も効かせているし、加湿器もかけている。それなのに、赤ちゃんは泣きじゃくる。これは子育て中の誰もが抱える謎です。赤ちゃんはなぜか寝入り際《ぎわ》にものすごい違和感を覚えるらしく、ちょっとしたことで泣きだしてしまうのです。

お母さんは、赤ちゃんからの欲求に応え続けるなかで、へとへとになってしまいます。抱っこすると、すっと眠っていびきまでかいているのに、そーっと布団に寝かせて、ゆっくりと指を抜こうとしたとたん、ギャーっと泣きだしてしまう。子育て経験のある方はみんなわかるはずです。しかも「さみしいよお」などという、かわいらしい泣き方ではなく、明らかな怒りをともなった泣き方です。これを、2、3歳になるまでほぼ毎日、繰り返す。つまり、万の単位で、親子はこういうコミュニケーションを繰り返すことになります。

この怒りを媒介にしたコミュニケーションが、僕らのコミュニケーションの最下層にあります。**僕たちは人生の最初に、怒り、泣きわめくことによって、自分の不快を除去することを学ぶ**のです。怒ることによって、不快を快に変えることができるメカニズムを身につけ、さらに踏み込んでいうなら、「怒ることによって相手を動かす」「怒ることによって自分の不快を解消する」ことを念入りに学ぶのです。

この仮説に基づくなら、僕たちのコミュニケーションの基礎にあるものが、じつはかなり反社会的なものだということがわかります。なぜなら「怒ることによって他人を自分の意のままに動かす」などというのは、まっとうな社会人なら許されない行為ですよね。でも、僕らは例外なく、子ども時代から、そうやってきました。だからこそ僕はこれを、**人間のコミュニケーションが持つ根本的誤謬**と考えています。僕たちは人生の最初から、コミュニケーションのやり方を間違えているのです。

少しだけ補足しておくと、赤ん坊が怒りによって他者をコントロールするというメカニズムそのものは、人間だけではなく、哺乳類全般にかなりの程度、共通することだろうと思われます。哺乳類は、他の生物よりも長い養育期間を持っているからです。ただ、そのなかでも人間の養育期間は際立って長いのです。たいていの哺乳類は半年ぐらい、霊長類でも最高4年程度といわれています。これに対して人間は最低10～20年は子育てをします。下手したら30年くらい、濃密な親子関係を続ける人もいますね。僕らのコミュニケーションの誤謬の背景には、そういう「種としての宿命」があるということです。

赤ちゃんに謝り続ける親

「怒りで相手を動かし、不快を解消する」。こういう間違った方法論が僕らのコミュニケーションの根っこに刷り込まれているというだけでも本当に厄介ですが、じつはここにはもうひとつ、非常に重大な間違いが隠されています。それは、「怒りをぶつける相手は誰か」を考えていただくと、気づかれるのではないでしょうか。

赤ちゃんが怒りをぶつける相手といえば、母親です。母親は他人ではありません。自分をいちばん心配してくれる、あるいは命に代えても自分を守ってくれる庇《ひ》護《ご》者です。赤ちゃんが怒るのは、自分に危害を加えてくる敵や、赤の他人というわけではありません。ほかでもない、自分のことにいちばんの重きを置いて、愛情をかけてくれるかけがえのない大切な相手に怒りをぶつけるのです。

つまり僕らは、生まれてから2、3年のあいだに、「**自分にとって最も大切な相手に対して、最も激しい怒りをぶつけ、それによって不快を除去してもらう**」というコミュニケーションパターンを繰り返し刷り込むことによって、心を形成してきたのです。そう考えると、僕ら人間は、なんと不幸な生い立ちを持っているのかと思いませんか。僕たちは、最も自分のことを気遣ってくれる人に、最も感情的な怒りをぶつけてしまうことを宿命づけられた存在なのです。

僕ら人間は、最も愛している人、最も大切にしなければならない人、あるいは最も自分のことを大切に思ってくれる人に、最も破壊的感情を向けてしまう。幼いときから、繰り返しそういうパターンを刷り込まれているのです。

僕が女性誌の取材を受けるとき、その多くが恋愛特集です。一度も恋愛の専門家だなどと言ったことはないのですが、どういうわけか、「名越康文」といえば「恋愛相談」という時期がありました。多いときは月に20回くらい、トータルで600回くらいは恋愛をテーマにした取材を受けてきたにもかかわらず、まだ一度も聞かれていないのが、「素敵な恋人をゲットしたあと、どうやって関係を維持していけばいいのか？」という質問です。

現実には誰にとっても大問題であるはずなのに、一度も聞かれたことがありません。なぜでしょうか。僕が思うに、女性誌の担当者の方は、きっと恋愛の実情というものをよくご存じなのです。つまり、僕らは最愛の人にこそ最も激しい怒りの感情を向けやすいことを知っている。だから、そんな不穏当な話題をあえて雑誌の特集テーマにしようとはしないのです。こういうふうに、人は自分にとって都合の悪いことは考えないようにするわけですね。

あまりにも暗くて救いのない話になってきて申し訳ありません。でも日常をつぶさに振り返ってみてください。僕らは身近な人に対して、最も多く、激しく、癇癪《かんしゃく》を起こしていますよね。あるいは、表面的には怒りをぶつけていなくても、心のなかでイライラをためこんでいることもあるでしょう。僕らは、周囲に対して発散される怒りだけを「怒り」ととらえ、「内にためこまれた怒り」にあまり強い関心を向けない傾向がありますが、両者はいずれも「怒り」であり、長い目でみると僕らの人間関係を難しいものにしてしまう原因であることに違いはありません。その場で発散されなくても、怒りはその人の心を疲れさせ、またうっ積したエネルギーは心の底にたまって、何かのきっかけで発散されることになるのです。

そういう、内にためこまれた怒りの問題についてはレッスン3で詳しく解説しますが、いずれにしても、ここで指摘しておきたいのは、僕らが最も激しい感情を抱く相手は、自分の親や家族、あるいは恋人といった身内である、ということです。もし家族に対して抱くような激しい感情を、いちいち赤の他人に対してぶつけてしまったら、その人はもはや、社会生活を続けられなくなるでしょう。

〝不幸な生い立ち〟を認める

冷静になって考えてみると、「相手が大切な存在であればあるほど、破壊的な感情を向ける」ことはまったく合理的ではないし、そういう習慣が刷り込まれているというのは、生き物としての必然性に欠けるように思えます。

妙なたとえかもしれませんが、もしも、僕ら人間のように長い養育期間を持たない宇宙人が、地球人の家族関係を見たら、驚嘆するだろうと思うのです。生まれてすぐ自立するその宇宙人は、地球人のように「怒りによって人を動かす」習慣は持っていません。ですから彼らはきっと、僕らにこう聞くでしょう。「あなたたち地球人は、なぜ最も大切な人に対して、最も破壊的な感情を向けるのか」と。

じつは、そういう夢を見たことがあります。すごく啓示的な夢でした。夢のなかではあったけれど、宇宙人からそう聞かれて、「まったくそのとおりだ」と、僕なりに深く確信を持つことができました。

非常にペシミスティックな言い方になってしまいますが、やはり僕たちはある種、非常に不幸な生い立ちを持った存在であることを認めざるをえないのだと思います。そして、そのことを受け入れた地点からしか、心の問題、ひいてはコミュニケーションの問題に取り組むためのスタートラインに立つことはできません。

僕らのコミュニケーションは怒りによって他者を動かすところからスタートしている。しかも、大切な相手であるほど、その怒りは噴出しやすいように宿命づけられている。そういう非常に不幸な生い立ちを持っていることを認めないと、心の問題は語れない。つまり、「僕らはフラットな、ゼロベースのところから心の問題に取り組めるわけではなく、マイナスからしかスタートできないのだと認めるべきではないか」ということです。努力して、それを補正していくことで、ようやくゼロになったり、プラスにしたりすることが可能となります。

人間関係やコミュニケーションの難しさは、僕らの「心の生い立ち」に起因しています。そういう認識に立つことが必要ではないかと思うのです。

怒りと愛情欲求

じつはこの「怒りの起源」は、「愛情欲求の起源」でもあります。

先に見たとおり、人間、あるいは哺乳類が子育てに投じるエネルギーは膨大なものですが、僕らは子育てに見られる、理不尽なぐらいに一方的で膨大なエネルギー供給のことを「愛情」と認識してしまっているところがあります。そしてこれを求める心、すなわち愛情欲求は、僕らが種として生きていくうえで欠かせないものであると同時に、僕らの心を疲弊させる、最大の原因のひとつにもなっているのです。

「愛情欲求」というと恋愛や家族関係を思い浮かべる方が多いかもしれませんが、じつはそれにとどまらず、僕らの社会生活のさまざまな場面で顔を出してきます。たとえば、職場の人間関係で疲弊する人の多くが、「自分は十分に認められていない」と感じています。この「認めてほしい」という欲求の背後にあるのは、「愛情欲求」です。そういう意味で、愛情欲求、承認欲求とは、怒りの親戚のようなものです。怒りが炎だとすれば、愛情欲求や承認欲求はいわば「ガス」のようなもので、非常に怒りにつながりやすい欲求なのです。

僕たち哺乳類は、子育てに異様なほどエネルギーを注ぐ特殊な存在であり、それだけ愛情欲求（ひいては怒り）にとらわれやすいのだと考えるだけでも、社会生活はずいぶん楽になります。20年以上に及ぶ異様に長い子育て期間のなかで、僕らは徹底的に甘やかされて、「愛情がないと生きていけない」と刷り込まれています。しかし、他人に愛情を求めたり、他人に認めてもらいたいと感じたりすること自体、地球上の生物全体から見たら「病的」なのだということを頭の片隅にでも置いておくと、過剰な愛情欲求や承認欲求に苦しめられなくて済みます。

愛情欲求が過剰であることそのものは、人間という種として仕方のないことです。赤ちゃんが泣けば、もちろん世話をしなくてはいけないし、放っておくわけにもいきません。ただ、「自分の苦しみの起源には、そういう、種として特殊な生育歴のなかで愛情を受けてきたことがある」ということは、知恵として知っておいたほうがいいでしょう。ものすごくさびしくて仕方がないときに、少し俯瞰《ふかん》的な立ち位置から、「哺乳類のなかでも最悪に甘やかされた人間だから、しょうがないよなあ」と考えることができれば、「ちょっと深呼吸して、風呂にでも入ってみようか」という気分にもなれると思うのです。

レッスン3
怒れる人を礼賛する日本人

怒りに甘い日本人

レッスン2では、僕らのコミュニケーションの初めに怒りがあるということを確認しました。そしてじつは、僕らは年齢を重ねてもやはり怒りによるコミュニケーションを繰り返し続けることになります。怒りによって自分や他人を何度傷つけても、僕らはなかなか怒りから自由になることができません。僕らのコミュニケーションの難しさは、元をたどればほとんどこのことに行き着くのです。

なぜ、僕らは怒ることをやめられないのか。その理由の一端には、僕らの文化が「怒りに甘い」ことがあると思います。僕らの文化は表向き「怒ってはいけませんよ」「毎日ニコニコして過ごしましょう」といいながら、水面下では、怒ることを称揚している側面があるのです。

僕ら日本人の文化が「怒ることを称揚している」といっても、ピンとこないかもしれません。たとえば足を踏まれたとき、瞬間的に「痛っ！　何するんですか！」と感じるのも怒りですが、こういう怒りはそこまであとを引きませんし、僕らの文化がそれを称揚するともないでしょう。でもこれが、「いま、このタイミングで足を踏むということは、こいつは僕を馬鹿にしてるんじゃないか……」という怒りになると、少し危ないのです。油断すると、単に「足を踏まれた」だけの現実とはまったくつりあわない、過剰な怒りが盛り上がっていくことになります。また、この種の「過剰な怒り」が、僕らの社会ではしばしばその場の空気を支配する力を持ってしまいがちなのです。

以前、大学の講義で「怪獣と思想」というテーマで話をしたことがあります。そのとき、「あ、これはいまの世界を読み解くキーワードだな」と思ったのが「解離」※です。

講義では、特撮テレビドラマ『ウルトラマン』シリーズの映像を何本か見たのですが、そのなかで非常に興味深かったのが、ゴモラという怪獣でした。ゴモラは、画面に登場するやいなや、怒っています。日本人は、こういう「いきなり怒っている」怪獣が好きなのです。

たとえば、ハリウッド映画に登場する怪獣やエイリアンたちは、「人を食べる」とか「人の身体《からだ》に卵を産みつける」といった、なんらかの目的があって人に危害を加えます。キングコングが暴れるのも、美女を守るためですよね。

ところが、ゴモラは、なんで怒っているのかさっぱりわかりません。しかし、そういう意味のわからない、解離的な怪獣を、日本の視聴者は好むのです。

※ 解離
ここでは「解離」という言葉を、精神医学用語の「解離性障害」とは関係なく、少し大雑把に「文脈なく怒る、感情を爆発させる傾向」として使っています。

ゴジラはなぜ魅力的なのか

じつはこうした解離的な怒りは、ゴモラにかぎらず、日本の怪獣文化に共通しています。日本の怪獣文化の中心的存在であるゴジラは、水爆実験によって太古の眠りから覚めました。ゴジラは東京の町のキラキラと光るネオンサインを見ると怒りくるい、東京湾から上陸し、破壊のかぎりをつくします。それは、水爆のすさまじい光によって目覚めた体験による恨みとして説明されるわけですが、映画を観る僕らにとって、その説明は必ずしもピンとくるものではありません。

というのも、ゴジラの暴れっぷりはあまりにも無差別だからです。たしかに水爆実験の光を連想させる「光るもの」に対して怒っていることは示唆されるのですが、攻撃そのものは、どう見ても手当たり次第、無差別です。そして僕らは、その無差別な暴れっぷりにこそ、ゴジラの魅力を感じています。

たしかに、ゴジラは水爆実験によって太古の眠りから起こされた、ある種のトラウマを抱えているのかもしれません。しかしその恐怖体験は、抑圧されてゴジラの意識上にはないように見えます。夜の町並のネオンサインを見て怒りくるうゴジラは、なぜ自分が怒っているのかを自覚してはいないでしょう。

もちろん僕は原作者でもなんでもありませんので、これは勝手な解釈にすぎません。しかし、大事なことは、「水爆実験の復讐《ふくしゅう》をする存在」というよりも、「いきなり、なんの文脈もなく大暴れする存在」としてゴジラを楽しむ人のほうが圧倒的に多いということです。

古来より日本人は、文脈に依存した怒りよりも、解離的な怒りを見せる存在を好みます。日本の神道に登場する神さまを見ても、たとえば天満宮に祭られた菅原道真公《すがわらのみちざね》はもともと祟《たた》り神です。平将門《たいらのまさかど》公もそうですね。もちろん、それぞれが「祟り神」となる経緯はありますが、祟りそのものは無差別に降り注ぎます。だからこそ、何世代にもわたって祀る必要があるわけです。

日本の神には「祟る力」によって神格を高めている例がたくさんあります。相手が強大かつ解離的、暴力的であればあるほど、僕らの文化はその存在を敬い、和解し、自らの庇《ひ》護《ご》者として取り込もうとし、あるいは心の支えにします。強大な祟り神を恐れ、またそれと和解していく信仰プロセスは、僕たち民衆の精神の歴史として、今日に至るまで何度となく繰り返されているのではないかと思うのです。

日本に比べると、欧米の悪役はもう少し論理的、文脈依存的なものが多いように思いますが、例外もあります。有名なところでは、映画『13日の金曜日』シリーズのジェイソンです。このキャラクターの怒りは、非常に解離的ですし、そのためか、このシリーズは日本で絶大な人気を誇っています。

ジェイソンは若者を襲いますが、「なぜ襲うのか」ということはほとんど明らかにされていません。あとになって続編がたくさんつくられるなかで、じつは母親から虐待を受けていたのだという説明があったり、ジェイソンが金髪の女の子を襲うのは「アメリカ人男性の、女性に対する潜在的な怒りを表現しているのだ」といった映画評論上での解釈がなされたりしていますが、これらは少なくとも「ジェイソンの魅力」の説明としてはピンときません。やはり観客としては「文脈を無視して、解離的に怒っているジェイソン」のほうが怖いし、魅力的だと僕は思います。

いずれにしても、ジェイソンというキャラクターを形づくっているのは、抑圧された膨大なエネルギーです。そういうエネルギーが、僕らの目に見えない地下水路のようなところを通って爆発します。だから、表面的にはほとんど文脈を無視して突然怒っているように見えるのです。少なくともジェイソンは登場人物の女の子に個人的な恨みを持っているわけではありません。ジェイソン自身、「なぜ、自分が怒っているのか」を、まったく認識できていないように見えることが、『13日の金曜日』シリーズの怖さ、あるいは魅力を形づくっていると思うのです。

僕らは怒っている人に弱い

足を踏まれたときに、「痛っ！」という瞬間的な怒りにとどまらない過剰な感情がわきあがってきたとすれば、そこにはやはり、目に見えない地下水路を通った怒りのエネルギーが注ぎ込まれていると考えられます。そして、僕ら日本人はそういう過剰な、解離的な怒りを好んできたわけですが、近年、とくにこうした傾向が強くなっているように感じられます。

テレビや週刊誌でも、たびたび破壊的な行動をとる人物が登場します。それは政治家であったり、芸能人であったり、事件の容疑者であったりします。それを見ている僕たちのほうも、怖がったり、悪趣味だといったりしつつも、ちょっとわくわくしています。あるいは、秋葉原の無差別殺傷事件といった動機の見えにくい破滅的な事件に対しても、僕らは自分のなかのどこかに、シンクロするものを感じている面があります。

ブログやツイッターの炎上、あるいは口論などを見てもそうです。文脈を超えて、過剰に怒っている人のほうが支持を得る、ということが往々にして起きる。冷静な議論よりも、怒っている人、感情的な人のほうが場の空気を支配してしまう傾向があります。

この背景にはやはり、僕らが文化的に、解離的なあり方を好み、許容してきたことがあると思います。ある種の〝トラウマ〟を抱えている（ように見える）人が、抑圧された感情を爆発させる。そうした「解離的な怒り」を僕らの文化はもてはやしてきた部分があり、現実社会でも力を持つに至っています。実際、選挙前の街頭インタビューなどを見ると「（既存の社会体制に対して）怒っている人のほうが正義感が強そうで信頼できる」といった意見を目にすることも珍しくありません。

もちろん、本当の意味での「義憤」というものがどこかに存在することを僕は否定しません。でも、現実にはほとんどの場合、単なる解離的な怒りを、義憤と勘違いしていることが多いのです。僕らは文脈なく、解離的に怒る人に弱い。それはとりもなおさず、僕らの多くが、自分の心のなかに解離的な怒りを抱えていて、同じようなタイプの怒りに同調してしまうからでしょう。

自分のなかにある解離性を認識しておく

「解離的な怒り」の奥底にあるものを、あえてひと言で表現するなら、それは愛情欲求です。「私のいうことを聞いてほしい」「自分の思いどおりに動いてほしい」「もっと私に注目してほしい」という欲求が抑えきれなくなったときに、怒りが爆発します。自分自身でも「なぜこのタイミングで？」と思うときに怒りが爆発してしまうのは、結局のところ、普段は愛情欲求のマグマにブレーキをかけ続けているからです。

そのことを自覚しているかどうかは非常に重要です。というのも、潜在的な愛情欲求が強くて、ときおり、解離的な怒りを抑えられなくなる、すなわち広い意味でのパーソナリティ障害的な傾向を抱えている人は、いまの日本ではけっして例外的ではないからです。僕の実感では、少なめに見ても10人に2人、所属している組織によっては10人に4人くらいはおられるように思います。

たとえば若いころ、苦悩を繰り返し、感情や気分のアップダウンで苦しんだけれど、さまざまな経験を経て、いまは冷静に人間関係を築いているという人でも、過去の自分をある種、封印することによっていまの状態をどうにか保っているという人がたくさんいます。苦しんでいたころの記憶を消したり、記憶はあってもどこか他人事《ひとごと》で、当時の感情といまとが結びつかないようにしてやり過ごしているのです。こういう場合、忘れていた愛情欲求が何かの拍子に顔を出して、解離的な怒りにつながることがあります。

ですから、たとえば過去を振り返ってみて、自分を制御できずに傷ついた経験がある人は、折に触れて、一瞬でもいいので自分の感情の動きに冷静に向き合ってみる習慣を持つことを勧めます。ただしその際には、けっして自分のことを卑下したり、異常ではないかと考えたりする必要はありません。多かれ少なかれ、人間は心のなかに地獄を飼っています。大切なのは、そういう暴れ馬のような心を「自分」からいったん切り離して正確に認識し、その変化を自分なりに観察しておくことです。そうすれば、そういう衝動をよりうまく飼いならすことができるようになります。

もっと「怒り」に厳しくなろう

このあとも本書で繰り返し述べるように、中長期的な視野に立てば、「怒りは百害あって一利なし」です。しかし、そのことが理解できて、実践できる人ばかりであれば、この本は必要ありません。実際には、「怒りは消したほうがいい」という、ある意味では単純極まりない提言ですら、ほとんど受け入れられないくらい、日本では「怒り」がもてはやされ、野放しになっている側面があります。そこには、日本人がもともと解離的なあり方を好んできたという、文化的背景があると僕は考えています。

いずれにしても、**日本人が解離的な怒りに甘い**ということは、僕らがこの社会に生きていくうえで、頭に置いておいたほうがいい事実だと思います。「甘い」とは、「怒りの管理が甘い」ということでもあるし、「怒りが自分の心をどれだけすさませているか、という危機意識が薄い」という意味でもあります。

僕たちはお互いに、怒っている人に甘すぎます。実際、国会を見ていても、怒号ばかりです。それがかっこいいという価値観すらあるようですが、怒りが大きいことは、その人の本気の度合いや真剣さとはまったく関係がありません。怒りはほとんどの場合、ナルシシズムをともないます。ですから、公的な場で怒りをあらわにすること自体、本来、恥ずべきことであるはずなのです。しかし、そういう価値観はどんどん失われていて、むしろ公式な場であっても、怒りがその場を支配する武器として使われているきらいがあります。

怒りというのは、ひとつ間違えば人生を台無しにしてしまいかねない毒性を持っていますが、いまの社会は、怒りに任せること、感情的になることをむしろ称揚しているところがあります。個人レベルでも社会レベルでも、そこの部分の認識を変えていかないと、怒りの負のスパイラルにはまっていく人が、ますます増えてしまうのではないか、と危惧されます。

怒りはパフォーマンスを下げる

ここまで、怒りが人間にとっていかに避けがたいものか、ということについて述べてきました。こういう話をすると、「それだけ人間にとって自然なものなら、怒りを消すなどということは不可能じゃないか」とか「怒りは自然に従って生じるのだから、必要なものなんだ！」という人が必ずいます。

たしかに、怒りは人間にとって自然なもの、避けられないものかもしれません。しかし、にもかかわらず、**怒りは「百害あって一利なし」**であり、消すに越したことはないものなのです。

「自然」という言葉はくせものです。作為を捨てて自然に還《かえ》ることがよい場合もあれば、安易に「自然」を信じるととんでもないことをしでかしてしまう場合もあります。

僕らの怒りは、僕らにとっていちばん大切な人に向かいやすい、ということを確認しましたが、もしそのまま「自然」に従っていれば、僕らは宿命的に、自分にとっていちばん大切な人に激しい怒りを向け、傷つけ、関係性を破綻させることになります。「人間にはそういう暗部がある」と知ることと、「暗部があるのだから、怒りを野放しにしても仕方がない」と開き直るのは、まったく次元の異なる問題です。

少なくとも、あなたがいま人間関係において困っていて、それをなんとか改善していきたいと考えるのであれば、最初に手をつけなければいけないポイントは、自分の心のなかにある「怒り」です。人として避けられない業のような存在であるからこそ、少しでも、心のなかから怒りを消す努力をしなければいけません。そうでないと、大切な相手との関係を次々と自ら破綻に導いてしまうことになるのです。

では、「怒り」がもたらす問題とは、具体的になんでしょうか。まず、誰にでもすぐ想像がつくのは、怒りは人の知性や、身体的パフォーマンスを致命的なぐらい下げてしまうということです。たとえば戦場で怒りくるって頭に血が上ってしまった兵士を想像してください。戦争映画でも、そしておそらく現実の戦場であっても、そんなふうに我を失った兵士は、すぐに狙い撃ちにされてしまうことでしょう。そこまでいかなくても、スポーツの試合中にカリカリ怒っている人は、身体中に無駄な力が入って視野が狭窄《きょうさく》し、思うように動けなくなってしまうはずです。仕事もはかどらないし、オリジナルの新しい発想など、とても浮かんでこなくなります。当然、家族や同僚とのコミュニケーションもうまくいかないでしょう。

怒りは、僕らの心を疲れさせ、能力を低下させるいちばんの要因といってもいいものです。怒りに支配され、暗い気持ちで行った決断は、ろくなことになりません。僕がいま発行しているメールマガジンでは悩み相談を受けつけていますが、いただいた悩みをひもといていくと、必ずどこかで怒りに行き着きます。怒りを抱えたままでは、人はなかなか前向きな決断ができないし、誤った選択をしてしまう可能性が高まるのです。

極端な話、毎日の怒りをほんの5％でも減らすことができれば、人はこれまで想像したことがないくらい明るく過ごせるようになります。そして、心が少しでも明るくなると、その分だけ他人を許せるようになり、人間関係が少しだけスムーズに運び、仕事やプライベートを充実させる余裕が生まれてくる。そうすると、また少し気分が明るくなり、その分だけ人間関係がスムーズになる……そういう好循環が生まれてきます。

リアリストは必ず引きこもる

怒りにかられると視野が狭窄し、妄想的な思考に取りつかれるようになり、結果として判断を誤ってしまう——。これはある意味、わかりやすいと思います。しかし、怒りにかられた人のなかには、少なからず極端な合理主義者、あるいは唯物主義者になる人もいます。「俺は自分の目で見たものしか信じない」「理屈に合わないものは何があっても信じない」という態度に固執してしまうのです。

そういう人は、あらゆる物事を功利的にとらえます。たとえば「思いやり」や「やさしさ」も、なんらかの見返りを期待したものとしてしか、とらえることができなくなります。つまり、「やさしくするのは、見返りがあるから」という視点からしか、「やさしさ」というものを理解できなくなるのです。

あるいは、「子どもをつくるかつくらないか」の判断も、「経済性」や「労力」といった、（非常に射程の短い）物差しだけで考えようとします。だから、少子化という多分に心理的、社会的な要因が複雑に絡み合う案件であっても、「要するに経済問題でしょ」ということになってしまう。教育問題についても、「どちらのほうがより社会に順応する人間を育てられるか」を判断基準に、データに基づいて決めればいいと考え、目に見える材料を論理的に組み合わせて判断し、クリアカットに「答え」を出そうとします。そして、そういう思考や行動様式を最善のものと考えるようになります。「より条件のいい会社に転職したほうが幸せだ」「夫の年収が低い私は不幸だ」というふうに、日常生活から社会問題まで、あらゆる事象を功利的に評価、判断するようになっていきます。

しかし、こうした「目に見える」ものだけを判断材料にしようとする思考は、自分の身体で触《さわ》れなかったり、自分の想像力が及ばなかったりする場所には何も存在しない、あるいは、存在していたとしても、自分とは関係ない、という考えに容易につながります。僕はこういう考えに取りつかれた人のことを「リアリスト」と呼ぶことにしています。

怒りにかられると、視野が狭窄して妄想的になる人がいる一方で、極端なリアリストになる人もいますが、じつは、両者は表裏一体でもあります。**人は妄想に取りつかれるとリアリストになりやすく、リアリストは妄想に取りつかれやすい**のです。

「リアリスト」という表現は、もしかしたら混乱を招くかもしれません。リアリストとは

「現実」主義者のことであり、「現実」を第一に置く人が、（現実ではない）妄想に取りつかれやすい、というのは矛盾ではないか、と。しかし、僕の実感としても、あるいは歴史を振り返ってみても、本当の意味で「バランスが取れたリアリスト」というのは非常に少なく、「妄想的なリアリスト」のほうが圧倒的に多いのです。僕がよく足を運ぶ喫茶店で漏れ聞こえてくる、仕事ができそうな20代~30代の男女の世間話を聞いていても、そういう信念に基づいて世界を見ている人が少なくないことを、ひしひしと感じます。

リアリストの思考様式の最大の問題点は、時間的にも空間的にも、思考や想像力の幅が狭くなる、ということです。はるか未来や過去の出来事と、現在を生きる僕たちのあいだには、数えきれないぐらい無数のファクターが関与しています。また、空間的に遠くなればなるほど、少なくとも僕らには、両者をつなぐファクターを感知することが難しくなっていきます。だから、「目に見えるものだけを信じる」リアリストは、はるか過去や未来のことは、「どうせ考えてもわからない」から考えなくなり、空間的に遠いことは、「自分には関係ない」から、やはり考えなくなってしまいます。

つまり、リアリスト的思考が行きすぎると、「壁の向こう側」の出来事は、「壁のこちら側」に生きている私には関係ない、と考える傾向がどんどん強くなってしまうのです。もしかすると、こう説明しても「それの何が悪いのか？」と思われる方もおられるかもしれません。しかし、僕が臨床的に見るかぎり、こうした〝リアリスト〟的傾向が強くなればなるほど、中長期的には引きこもり傾向が強くなります。心のなかに怒りが増し、友人関係が狭くなり、人間不信になっていくのです。

「偶然」と「陰謀」

なぜリアリストは引きこもるのか。それは、リアリストが原因―結果の単線的なモデルで世界をとらえようとするからだと僕は思います。「AによってBが起こる」、あるいはせいぜい「本来AによってBが起きるはずだったのに、Cによって阻害されている」という程度の、単線的な認識を積み重ねることで、リアリストは世界をとらえようとします。その結果、何が起こるかというと、リアリストはだんだんと、世界を「偶然」か「陰謀」でしか認識できなくなっていくのです。

まず、「こうなったのは○○のせいだ」という単線的な世界認識が、容易に陰謀論につながってしまうのはわかりやすいと思います。「俺が就職できないのは学歴のせいだ」「経済的に恵まれないのは誰かが資産を独占しているからだ」。あるいは、「旦那が冷たくて私の結婚生活は真っ暗だ」「私が不幸なのは親から愛されていなかったからだ」……。陰謀は「陰で謀《はか》る」と書きますが、自分の不幸には必ず、それを謀った「誰か（何か）」がいる、というのが陰謀論的な世界認識です。

一方でリアリストは、「すべては偶然にすぎない」という世界認識も好むようになります。交通事故に巻き込まれたのも、試験に落ちたのも、とばっちりを受けて誤解されたのも、誰かとお付き合いしたのも、すべてたまたまである。世界は偶然の賜物《たまもの》である——。

これは一見、陰謀論的な世界観とは対極的です。楽天的で、怒りから遠いようにも思えます。ところが、これも結局、表裏一体なのです。というのは、ある現象が何かひとつの原因によって引き起こされる世界では、その原因がひっくり返った瞬間、すべては偶然の賜物になってしまうからです。単線的な因果関係ですべてを語ろうとする陰謀論と、すべては偶然だととらえる世界認識は、じつはコインの裏表なのです。

だから、「すべては偶然だ」という考えを持つリアリストは、一見オプティミストに見えるけれど、けっこう簡単に陰謀論にはまってしまうことになります。「世界はまったくの偶然の賜物だ」というのは、「世界とは信用ならないものである」というのとほとんど同義です。すべてが完全に偶然なのであれば、いつなんどき、どんなハプニングが起きるかわからない。だからリアリストは世界を信用できなくなる。人間関係でも、「どんなに親密な関係を築いていても、ひとつ間違えば信用できない」とおびえながらお付き合いをしなければならなくなります。

その結果、リアリストは、自分の世界を縮減しようとするようになります。世界から不確定要素を減らすために、お付き合いする人間関係や、行動半径をどんどん縮小していき、自ら視野を狭くしていきます。なぜなら、リアリストにとって「自分の目に見えない」想定外の出来事は、すべて怒りを引き起こす原因だからです。

しかし、そうやって想定外のトラブルを自分の世界から排除していくと、必然的にリアリストから見える世界はより単線的で、偶然に満ちた世界になっていきます。リアリストの世界はさらに閉じていき、小さく縮んだ世界のなかで、怒りをさらにためてしまう。そういう悪循環のなかで、リアリストは引きこもっていくのです。

「いま」をどう認識するか

冷静に考えれば誰にでもわかることですが、あるひとつの出来事が起きるときには、本当は何十、何百というたくさんの要素が絡み合っています。僕らの認識力では、そのすべてをとらえることができないというだけなのです。そして、「何十、何百という多要素が、**それこそ網の目のように絡み合って"いま"がつくられているんだな」と認識したとき、僕らははじめて世界に対して「必然性」を感じることができるようになります。**

自分が現実だと認めたこと以外は、いっさい現実と認めないリアリストには、そういう「網の目的世界観」はけっして浮かび上がってこないし、世界に必然性を感じることはできません。

「ありとあらゆる要素が絡み合ってこの世界が立ち上がっている」と実感してはじめて、僕らは「必然性」を信じられるようになります。そして、必然性を信じられた分だけ、怒りが減っていくのです。極端にいえば、目の前に起こっている現実を本当に必然だと信じられたら、怒りはまったくのゼロになるはずです。なぜなら、どんなひどいことが起きたとしても、それが自分の目には見えない、世界の複雑な網の目のなかで決まっていたことだと思えれば、文句を言っても仕方がないのですから。

心のなかに「網の目的世界観」が立ち上がってきた人は、視野が開けて、先を予測しやすくなります。また、どんな不幸な出来事も、「ある日、突然降りかかってきたもの」ではなく、それまでの自分の心が判断し、行動した結果であり、自分のまいた種として受け入れることができるようになってきます。

仏教の「諸行無常」の考え方も、こうした「網の目的世界観」につながっています。つまり、人間ではとても認識できないくらいの多要素が、複合して支配しているこの世界は、一見まったく変わっていないように見えても、じつはそれを構成している要素は少しずつ、少しずつ、絶えず変化しているという教えです。

たとえば、100の要素によってある現象が現れる（変化が起こる）としましょう。僕ら凡人は、100の要素のうち5つや6つに何か変わったことがあったとしても、それを大きな「変化」としては認識することができません。おそらく、50ぐらいが変わってきて、はじめて「あ！　変わったぞ」と認識することができるのでしょう。

「本当は変化しているのに、（僕ら人間は）そのことを認識できない」、あるいは「すべてはゆっくりと変化しつつあり、変化しないものなどない」というのが、「諸行無常」の教えだと思いますが、こうした世界認識は、僕らに世界への信頼感をもたらしてくれます。

この考えに立てば、リアリストは、目に見えない何百もの要素を「存在しないもの」として世界を認識していることになりますから、当然、視野が狭くなります。視野が狭ければ、未来予測も働かなくなるので、みすみすチャンスを逸する可能性も高くなるでしょう。逆に、本人にとっては突拍子もない火の粉に見えることでも、じつは「網の目的世界観」から見たら当然の災難であるかもしれません。現実主義的であろうとすればするほど、現実から乖離《かいり》してしまうという矛盾がここにあるのです。

まずは「怒りを消す」ことから始めよう

リアリストだから視野が狭くなり、怒りやすくなるのか。それとも、怒りをためているから視野が狭くなり、結果、リアリストになってしまうのか。じつは、これはどちらも正しいのです。原因と結果は常に、くるくると反転しています。ただ僕は、実践レベルでは

「**まずは怒りを消しましょう**」と伝えることにしていきます。怒りを地道に消していくことが、偏狭なリアリズムから脱却して、「網の目的世界観」を手に入れる近道なのです。

たとえば、相手に腹を立てそうになったとき、「この人の立場に立てば仕方がないかな」と想像力を働かせて考えましょう、とよくいわれます。でも、「相手の立場になって考えよう」とか「向こうの言い分にも一理あるかもしれないよ」といった、まっとうなお説教が頭に入るくらいなら、最初から怒ったりはしないのです。頭のなかに少しでも怒りがあると、そういう諫言《かんげん》はまったく耳に入らなくなります。だから、「怒りを消す」ほうが先だと僕は考えるのです。

怒りを消して、もう一度、目の前の現実を見る。すると自然に、「ああ、この人の立場からしたら、こういう言動を取るのも仕方がないだろうな」と、相手の立場に思いが至るようになります。ことの順序として、そのほうが実践的ではないでしょうか。

レッスン1で、心を「鏡のような水面」にたとえました。少しでも怒りというさざなみが立つと何も見えなくなります。感情的なトラブルが、本来持っている能力を曇らせてしまうのです。でもそれを落ち着かせることができれば、目の前の相手に対する共感性が自然と高まってきます。

共感能力というのは、看護師などの職業ではすごく大切にされている概念で、学んだり、鍛えたりすべきものとされていますが、スキルとしての「共感」という考え方には、僕は少し抵抗があります。というのも、怒りを鎮めさえすれば、自然と相手の気持ちはこちらに入ってくるからです。それを「共感」とか「感応」という言葉で呼んでいるのであって、スキルとして学ぶようなタイプの能力ではないというのが僕の考えです。

僕らはいろいろな物事を「教えてもらわないとわからない」と考えがちですが、じつは大切なことの多くは、「心が落ち着いていないとわからない」だけです。心が落ち着いてさえいれば、心に怒りさえなければ、特別に教えてもらわなくても、わかるものはわかるのです。

心が落ち着いてくると自然に理解できることというのは、思いのほか多いものです。怒りを消すことで、心のなかにふっと「世界の網の目」が浮かんでくると、その場その場で適切な対応ができるようになります。少なくとも、そういうふるまいができそうだという自信が芽生えてきます。

心には、そうした潜在的能力がある、と僕は考えています。ここまで述べてきたように、心は一瞬にして変わるし、怒りにかられる宿命があるわけですが、それを落ち着けることさえできれば、世界の実相をとらえて適切にふるまうことができる、すごい力を持っている、と思うのです。

知恵とか、想像力についても同じです。そういうものは鍛えて身につけるものではなく、怒りを消し、心を落ち着けることによって、自然と生じてくるものなのではないでしょうか。

レッスン4
「怒り」の正体を知る

欲には限りがない

怒りが僕らの現実認識をいかにゆがめてしまうか、いかに僕らの能力を削《そ》いでしまうかを見てきました。ここからは、「怒り」の内実に迫ってみましょう。仏教の知恵を借りながら、僕らが通常考えている「怒り」よりもずっと広く、深い射程で、自分の心のなかの「怒り」を見つめていただきたいと思います。

東洋の心理学というにふさわしい仏教ですが、「怒り」についても詳細に分析し、その対応法をひもといています。

2500年前からお釈迦《しゃか》さまは、怒りを制御していくことの大切さを認識し、そのための知見を残してくれていたわけです。たとえば「スッタニパータ」という経典には、終始「怒ってはいけない」と書かれています。怒りは、人をものすごく不幸にする原因である。怒りはものすごく僕たちを苦しめる、あるいは疲れさせる。そういうことをお釈迦さまは徹底して説いていました。これを知ったときは、僕自身、すごく納得させられましたし、それまで自分が考えてきた方向性がそれほど誤ってはいなかったと勇気づけられました。

僕が精神科医として学んできた西洋医学、あるいは心理学は科学的思考に基づいたもので、それはそれで非常に役立つものではあるのですが、一方で、それがどこまで普遍的な知見であるかは、僕ら一人ひとりが、ときどき自分なりに検証しておく必要があると思います。天動説が地動説になったのは昔の話のようですが、人類の歴史全体を見れば、つい最近のこと。西洋医学にしても、この10年、20年といった短いスパンのなかで、それまでの定説がひっくり返った分野はいくらでもあります。

これに対して、仏教という巨大な体系がもたらした知のなかには、2500年のあいだ、誰からも決定的な反駁《はんばく》を受けていない知見がたくさんあります。温故知新や、古典に学ぶということがよくいわれますが、歴史の検証に耐えてきた普遍的な知恵から、僕らの知見を定期的に検証しておく作業は、忘れがちですが非常に大切なことだと思うのです。

さて、仏教では怒りを「瞋《しん》」と表現します。この中身をつぶさに検討していくと、いまでもまったく古びない洗練された心理学的知見が含まれていることがよくわかります。

瞋に、欲深さを表す「貪《とん》」と、無知であることを表す「痴《ち》」を合わせた3つを、人間が克服すべき煩悩とする考え方は、宗派が違ってもほとんどの仏教に共通する知見です。原始仏教、大乗仏教、あるいは密教でも、この部分の認識についてはあまり変わりません。

では、貪、瞋、痴という考え方に基づいて、「怒り」の内実に迫ってみましょう。この3つは、相互に影響を与え合いながら、人間の煩悩を構成しているとされます。たとえば「貪」は欲深いということですが、欲が深いと苦しむのはなぜかといえば、欲には限りがないからです。

想像してください。欲望は、けっして満たされることはありません。満たされたら必ず次の欲望がわいてきます。欲深いが故に人に迷惑をかけてしまったり、自分自身が困ったりすることももちろんあるのですが、「貪」の最大の問題は、深いところで怒りにつながっていることにあります。**「貪（欲）は瞋（怒り）につながる」**という見方は、仏教が僕らに教えてくれる、貴重な洞察のひとつです。

また、貪というのは、欲と聞いてすぐに想像する「食欲」「物欲」「金銭欲」といったものにとどまる概念ではありません。欲とは「何かを欲する気持ち」ですから、たとえば「希望を持つ」ことですら、ひとつ間違えれば「貪」に陥りかねないのです。

僕の友人に、30代でがんで亡くなった医師がいます。肝臓がんで、だんだん腹水がたまるようになっていました。見舞いに行ったあるとき、僕は彼に「何がいちばんしんどい？」と尋ねました。すると、「新しい治療法があって『これやってみないか』と勧められたときがいちばんしんどい」と言うのです。

どういうことか。死ぬことを受け入れて、残り少ない人生をまっとうしようと、すごく静かな心になっていても、「これやってみるといいかもしれないよ」と勧められると、どうしても欲が出る。欲が出ると心が乱れる。心が乱れると怒りがわいてくる、ということを、おそらく彼は言いたかったのだと思います。

無知だから「世の中わかった気になる」

「痴」は、無知ということです。でも、いきなり「無知が煩悩」といわれても困りますよね。どんなに謙虚に学んだとしても、ひとりの人間の知恵にはどうしても限界があります。極端な話、僕ら凡人がいくら努力したところで、お釈迦さまの爪の先ほどの知恵を得るのも難しいでしょう。そういう意味では、誰もが無知なのです。

しかし、「痴」が問題にするのは、そういう知識や情報の量ではなく、「無常」ということを知っているかどうかだと、僕は考えています。

無常とは「すべてのものは変化している」ということです。「これだけは失いたくない」「これは絶対に許せない」と物事に執着してしまうのは、「世界や自分（の思い）は変化しない」という思い込みに基づいています。もしも「すべてのものは変化し続けている」ということを本当に心の底から納得していれば、論理的には物事に執着することはなくなるわけです（実際にそのように納得するのは、かなり難しいことですが）。

逆に、「世の中わかった気になる」のも、痴のひとつの表れ方です。人間の目からはどんなに絶望的な状況に見えても、実際には僕らの目に見えないところですべては変化を続けています。だから、「どうせ何をやったって無駄だよ」と最初から諦めてしまうような冷めた態度は、一見クールで現実的なようですが、じつは自分の狭い了見にとらわれているだけなのかもしれません。これも「痴」なのです。

物事に執着する気持ちはもちろん欲である「貪」、ひいては怒りに結びつきますし、「どうせ何をやっても無駄だよ」という冷めた態度も、あとで述べる「見下し」の怒りに結びついていると考えられます。そういう意味では、「痴」は、「貪」「瞋」の基盤になるような側面も持っていると考えられます。つまり、怒りの根っこには「無常を知らない」ということがある。これもまた、仏教心理学の知見なのです。

いずれにしても、西洋心理学ではなかなかみられない、怒りという感情の本質に踏み込むような深い洞察が、仏教にはあるということがおわかりいただけるのではないでしょうか。

小さな怒りに注目する

仏教が「瞋」という言葉でとらえる「怒り」は、僕らが普通「怒り」という言葉でとらえているものよりも、圧倒的に広く緻密です。

たとえば、一般的には怒りというと、怒鳴り合ったり、つかみ合ったりして大ゲンカしている人をイメージすると思います。しかし、ある程度の年齢になった大人は、そう派手なケンカをしょっちゅうすることはありませんね。あるいは、「この人、大っきらい！」という激しい怒りはわかりやすいものですが、「別にそこまで腹の立つ相手はいません」という方もおられるでしょう。でも、「カッとする」という程度のことであれば、読者のみなさんの多くは、常日ごろから経験されていると思うのです。これは、もちろん怒りです。

僕はじつはかなり怒り型の人間ですので、毎日小さなことでカチンときています。たとえば、電車で順番待ちをしているときに横入りされたりすると、目的地に着く時間は変わらないのに、ちょっとムカッとくる。あるいは、田舎から出てきたらしいおばあさんが、孫へのお土産を仕分けしているのか、エスカレーターの前に荷物を置いて何かゴソゴソしているので通れない。すごく人のいいおばあさんだということはわかるものの、「こっちは急いでるのに！」とカッとくる。これぐらい小さなものも怒りです。

こういう「小さな怒り」が、僕らの心を少しずつ疲弊させていきます。一つひとつは小さくても、怒りは積み重なっていきます。そして、こういう小さな怒りを細かく取り除いていくことが、心を疲れさせず対人関係を改善していく、最も効果的で実践的な方法になるのです。

「不安」とは何か

もっと迂回《うかい》したかたちの怒りも、いろいろあります。まず、ぜひみなさんに洞察していただきたいのは「不安」です。不安にさいなまれ、不安に疲れている現代人が多い、とよくいわれますが、不安をよく観察してみると、その奥には怒りがあるのです。仏教では「不安」は「瞋」から生まれる、と説明することもあるのですが、みなさんも自分のなかの不安を分析して、その奥にある怒りを見つけてみてほしいのです。

〈エクササイズ〉「不安」を見つめる

3分間目をつぶって、自分の抱いている「不安」の背景には何があるのか、心のなかを分析してみよう。

まず、不安には実体がありません。

こう言うと、異論のある方もいらっしゃるかもしれません。「収入が低いし、会社も倒産しそうなのに、政府は増税や社会保障打ち切りを議論している。これでは不安にならないほうがおかしい」という方もいらっしゃるでしょう。でも、そういう過酷な現実と、その人の感じている不安には、必ずしも相関関係があるわけではないと思うのです。まったく経済的に問題がなくても、毎日不安にさいなまれている人もいますし、そういう人の不安が、お金のない人よりも小さいというものでもありません。むしろ、お金持ちのほうが、お金を失う不安を強く持っている場合も少なくないでしょう。

では、不安と怒りはどういう関係にあるのでしょうか。不安があるときは、自分を被害者のように思いますね。「自分が、こんな目に遭ったら大変だ……」「もしそれが起きたら嫌だなあ」というふうに。でも、「こんな目に遭ったら大変だ……」の奥には、「嫌だなあ」の奥には、怒りがあります。つまり、「なぜ自分だけがこんなひどい目に遭うの」とか、あるいは「こんな先のことを考えている私は、本当に器の小さい人間だ」といった怒りもあるかもしれません。さまざまな心情が連鎖していますが、それらをひもといていくと、**不安のなかにも怒りがある**ということがはっきりとわかります。

もし不安の強い人が、その不安の奥にある怒りに気づくことができたら、それは大変な進歩です。そう気づくだけでも、怒りを取り払い、心を落ち着かせることができる可能性が生まれます。実際には、たったそれだけのことが、すごく難しいのです。不安な気持ちがわいてきたときにはぜひ、それを形づくる自分のなかの怒りの感情に目を向けてみてください。それができれば、心の状態が大きく変わります。

「見下し」は怒りに通じる

さらに、これも見落としがちなのですが、**相手を見下したり、軽蔑したりするのも怒り**です。これだけで「ああそうか」とピンとくる方もおられれば、「見下すのが怒りってどういうこと？」と思われる方もいらっしゃるかもしれません。

たとえば、上司が何かしゃべっているとします。その話の途中で、「ああ、部長が言いたいのは要するにこういうことでしょ」と勝手に相手の考えをまとめて、あとは上の空、という経験はないでしょうか。ここには相手を見下す感情があります。これも怒りであり、じつはその人自身の心を疲れさせています。

なぜ、僕らは相手を見下すのでしょうか。それは「自分がいちばん正しい」という傲慢な気持ちがどこかにあるからです。そして、「明るく傲慢な人」をイメージしにくいことからもわかるように、傲慢さというのは、かなり怒りに近い感情なのです。「私はそんなことありません」という謙虚な読者もおられるかもしれませんが、それは表現の仕方が違うだけで、心のなかには、「自分だけが正しくて、私の言うとおりにしない他人は間違っているのだ」と考える傲慢な自分が、少なからずいるのが普通です。

しかし、こちらの考えがどうであれ、現実には、他人はけっして思ったとおりには動いてくれません。当然ですね。僕の考えでは、「他人に対して100%従順な人」というのは、病んだ人です。元気な人ほど、他人の指示には簡単に従わないものなのです。

そして、自分の思いどおりに動かなかった他人が失敗すると、こちらの心のなかには、「それみたことか」という感情がどうしても生じます。「私の言うとおりにしていればよかったのに」と。こういう感情の動きを放置していると、人はどんどん他人を見下すようになるし、他人の話を聞けなくなっていきます。

他人の話を聞けなくなるというのは、そのこと自体がひとつの不幸です。それは「学び」

の機会が大きく失われることを意味するからです。逆にいえば、「見下し」にとらわれた人は、「あなたから学ぶものは何もない」と宣言してまわっているようなものなのです。

実際、こういう「見下し」や「傲慢」の怒りに取りつかれやすいのは、頭が良く、能力が高い人です。なまじ「自分の正しさ」を証明する証拠をみつけたり、実績で裏づけたりすることができるから、どんどん怒りにとらわれることになってしまうのです。さらにいえば、こういう人は、他人を巻き込んで、自分の傘下に置くことで自分の正しさをさらに盤石なものにしようとします。その結果、本人ばかりではなく、周囲にいる同僚や家族にも「怒り」の空気が蔓延《まんえん》していくことになってしまいます。

相手を見下さず、話に耳を傾けるというのは、つまるところ「他者から学ぶ姿勢を持つ」ということですが、人間はどうしても「怠けたい」気持ちから、「学ぶ」ことを避けようとする傾向を持っています。だから、「見下し」にとらわれた人が噂話《うわさ》などをしていると、そこに簡単に巻き込まれてしまうのです。

「見下し」や「傲慢」の怒りにとらわれた人は、短期的にはちょっとした優越感に浸ることができたり、噂話をネタにして仲間を増やしたりすることがあるかもしれません。が、長期的（それも数年程度）には、絶対に心を疲れさせてしまいます。

ちなみに、やたらと自分のことを卑下するような態度も傲慢さの変種なので注意しておきましょう。「どうせ私はバカですよ」という言い方を好む人は、一方で「なんで、こんなバカな私の言っていることがわからないの？」という、やや迂回したかたちの「見下し」にとらわれています。つまり、**自己卑下というのも「見下し」であり、傲慢さであり、怒りなのです。**

注意していただきたいのは、相手を見下したり、自己卑下したりすることが「道徳的にいけない」と言っているわけではない、ということです（もちろん、道徳的にも良くないですが）。ここでは、「そういう思いにとらわれることが自分自身の心を疲れさせ、結果として対人関係に悪影響を及ぼす。そういう意味で、どちらも『怒り』の変種にすぎない」ということを理解していただきたいと思います。

朝の自動思考が生む「暗さ」

暗い、どんよりした気持ちというのも、怒りのひとつのかたちと考えることができます。

朝起きたときの、頭がぼやっとした状態を思い浮かべてください。起きた瞬間に「あー気持ちがいい、今日は最高の一日だ」とさわやかに笑えるような生活をしている人は、なかなかいません。とくに、一定の睡眠と覚醒のリズムがとれていない、あるいは夜中に飲み食いする習慣を持っている人は、朝、起きてからぼやーっと過ごす時間がどうしても長くなってしまいます。

起き抜けで意識が不鮮明な状態のとき、僕らの頭には、「自動思考（automatic thought）」が生じやすいと考えられます。自動思考とは、うつ病の治療理論として出てくる用語ですが、基本的には誰にでも生じうるもので、とくに寝起きのときにはよく起こっています。ただし、自動思考はなかなか言語化できず、それが生じていることにすら気づかないことがほとんどです。

朝、意識がもわっとしている時間帯に、頭のなかに浮かんでは消える言葉を追ってみてください。「ああ、また月曜や」「今日は会議か。またあの人の話、長いで」「そうや、今日、私、司会やん……」と、いろいろ暗い考えが自動的に浮かんでいる。「朝が弱くて、何も考えられずに、布団のなかでぼやーっとしています」という人にかぎって、頭のなかでは自動思考による暗い考えが渦巻いており、じつはこれが心を疲弊させているのです。

起き抜けの自動思考が僕たちの心を疲れさせていることに、僕はうつ病の患者さんを診るなかで気づきました。うつ病の患者さんのなかには、治療を始めると、最初はすごく元気になるものの、1ヵ月もたつと、また調子が悪くなって落ち込んでくるタイプの人が、一定数います。なぜそうなるのか、ずっと原因がわからなかったのですが、患者さんの話を聞いているうちにわかったのは、こういうパターンに陥る人のほとんどが、朝、目が覚めてから1時間も2時間も、布団のなかに居続けている、ということだったのです。

朝、十分に覚醒していないなかでネガティブな自動思考が生じてくる。ベッドのなかでひとり、頭に魑魅魍魎《ちみもうりょう》の世界を構築し続けてしまう。「私ってバカだ」「あいつはバカだ」「社会が悪い」「人類は最悪の存在だ」といった暗い思考が、どんどん拡大再生産される——。だから、よくいう「生活習慣を整えましょう」というのは、うつ病の治療法としては非常に正しいと思います。薬が必要となるケースは少なくありませんが、それはあくまでも手段であって、生活習慣を変えなければ、うつ病は治りません。少なくとも一臨床医として、僕はそう考えています。

睡眠薬で眠ることができたとしても、起きたあとに何もやることがないと、その後ずっと布団のなかで暗い考えを反芻《はんすう》して、ヘトヘトになってしまい、うつ病を慢性化させてしまいます。

自動思考の実体は必ずしも明らかになっていませんが、ひとまずの仮説としては、意識レベルが落ちてきたときに、意識の制御を外れた脳が暴走して生じるものだと考えればいいでしょう。つまり、脳というのは、意識によるブレーキを踏まないかぎり、暴走する性質を持っているのだと思います。人間の身体は、意識レベルが下がったときに、止まる部分と止まらない部分があります。筋肉はもちろん、内臓も、鎮静をかけると止まるものが多いのですが、脳や神経は、意識レベルが下がっても止まらず、むしろ制御を失って暴走するのです。

意識レベルが低下すると、抑えがきかなくなって、どんどん思考が暴走します。そうやって生じる妄想のほとんどは、暗いものなのです。

レッスン5

「心の基準点」をつくる

怒りを観察する

レッスン4では、カッとする怒り、不安や軽視など、さまざまな怒りのバリエーションを見てきました。大きな怒りであれ、小さな怒りであれ、あらゆる怒りは、結局のところ自分自身を傷つけます。一つひとつのダメージは小さくても、1日に何十、何百という怒りが積もっていくことによって、僕らの心はどんどん疲弊していくことになります。

逆にいえば、そのダメージさえなければ、僕らの心は本来もっと明るいのだということです。毎日を明るく生きている人（外からそう見える、ということではなく、その人自身が明るく生きられているかどうかが問題です）は必ず、怒りにとらわれにくい習慣を持ち、怒りからぱっと手を離すコツや方法を知っています。

レッスン5ではいよいよ、そうした怒りを払い、消していくための方法論を紹介していきたいと思います。レッスン1〜4の知見を頭に入れたうえで、自分に合った方法を見つけ、実践してみてください。

「自分の怒りを観察する」ことは、怒りをコントロールするうえでの必須条件といえます。

この「怒り」は、先に紹介した不安や見下し、あるいは暗い気分といったものを含みます。そういうこまごまとした怒りを観察してみると、「私は1日に、軽く100回は怒っています」という人もいます。たしかに「エスカレーターで横入りされてイラっときた」程度の怒りも含めたら、1日に100回怒るのも、そう珍しいことではないでしょう。

「100回も怒っているのを、なくすなんてとても無理！」と思われるかもしれません。たしかに、意識的に減らせるのは、1日2回くらいかもしれません。その場合は、残りの98回は怒っていることになります。それでは焼け石に水で、意味がないのかというと、そんなことはないのです。1日に2、3回でも、「以前だったら怒りそうな場面で怒らなくなった」という人は、それだけで見違えるくらい明るくなれます。

怒ってばかりいるときは、毎日、心のなかの水面に墨汁をたらしているようなものです。それを少しずつ、真水に変えていく。少しずつでも続けていくと、心のなかの澱《よど》みをだんだんときれいにしていくことができるのです。

「気づいたところで、結局、怒ってしまうのであれば無駄じゃないか」と思う方もおられるでしょう。でも、そういう人も、「自分の怒りを観察する」ことは、騙《だま》されたと思ってやってみていただきたいのです。「いま自分は怒っている」と気づくことができれば、それだけで怒らずに済むケースはけっこうあります。「気づく」あるいは「認識する」ことには、それ自体に行動的な意味があり、認識するだけで、変わることができるケースがあるのです。

実際、たったこれだけのことを日々続けていくだけで、数ヵ月もすると、見違えるくらいに心の状態が変わってくる人も少なくありません。聖人君子にはなれないかもしれませんが、僕たちが普通に生活していく分には、ものすごく大きな変化を起こすことが可能なのです。

あなたの考える「自分らしい自分」は間違っている

心のなかに生じる小さな怒りを見つけていくためには、「心の基準点」をしっかりとイメージできるようにしておくことが必要です。というのも、僕らは日々怒ってばかりいるうちに、「怒っていない自分」「怒りから自由になった本来の自分」を、うまくイメージできなくなっていることが少なくないからです。

ではここで、目をつぶって「自分らしい自分」を思い浮かべてみてください。たとえば僕なら、「机の前に座ってパソコンで何かを読んでいるときの自分」とか「散歩しているときの自分」「図書館で本を読んでいる自分」といったイメージです。1分間、目をつぶって思い浮かべてみましょう。

〈エクササイズ〉心の基準点をつくる
目をつぶって1分間、「自分らしい自分」を思い浮かべる。

想像のなかで登場した自分が、すごく心が軽くて、明るく、気分よく呼吸できているように感じた人と、そうではない人がいたはずですが、いかがでしょうか。たとえば「子どもの将来に悩んでいる自分」とか「ためいきをついている自分」が出てくる人は、「心の基準点」を見失っています。こういう状態では、自分の心のなかの怒りを見つけて消していこうとしても、なかなかうまくいきません。なぜなら、「怒っているのが当たり前」になってしまっているために、「怒っている自分」が心の基準点になっているからです。**「心**

の基準点」とすべきは、心が軽くて、明るくて、気分よく呼吸できている自分です。そこを基準にしないと、心のなかの小さな怒りを発見することはできません。

「自分らしい自分」という認識は、たいていの場合、間違っています。もちろん、なかには正確な自己像を描けている人もいますが、それは例外です。

「いや、私はいつも暗い人間なんです。そんな明るい自分なんて、本当の私じゃありません」という方もおられると思います。でもそれは単に、本来の「心の基準点」を忘れて、ずっと長いあいだ、いわば「低空飛行」で怒り続けてきた、というだけなのです。

実際、こういう話をしていると、「あの……明るいってどういうことですか？」と質問される方すらおられます。「ちょっとこのごろしんどくて、ここ2年くらい〝明るい〟という感覚を持ったことがありません」と言うのです。こういう人には一瞬でも怒りを消してもらって、「自分本来の状態はこれだけ明るいのだ」ということを知り、それを「心の基準点」にしてもらう必要があります。

「心の基準点」の見つけ方

人生は山あり谷ありで、いつも明るい自分でいられるわけではありません。ですから、いま、どうしても明るい自分を思い浮かべられないという人は、自分がベストだった時代を思い起こしてみてください。ベストといっても、人との比較や、まわりの評価は関係ありません。自分自身がいちばん幸せだったと感じる時代です。僕自身、中学・高校時代はどちらかといえば暗い人間でした。でも小学生のころは、友だちと校庭や田んぼの土手などで日がな一日、鬼ごっこをしたり、ザリガニを釣《つ》ったりして遊び、日暮れには心から満ち足りた思いで夕日を見つめたものです。そのような、なんの不安もなく幸せだったときの、自分の笑顔を思い浮かべてほしいのです。もちろん自分の顔を客観的に見られるわけではありませんが、どんな顔で笑っていたかはイメージできるでしょう。

「そんな昔のことは思い出せない」という方は、たとえば、年の初めに神社に出かけて柏《かしわ》手《で》を打ったとき、あるいはお寺にお参りして手を合わせたときに、ほーっと大きな息が漏れるような、なんともいえないさわやかな気持ちになったことはありませんか。さわやかで、なおかつ落ち着き、満ち足りている。その瞬間を思い出してください。それから目をつぶって、そのときの喜びの状態をできるだけ身体《からだ》全体に再現します。

ダイヤモンドの指輪をもらったり、おいしいごちそうを食べさせてもらったりしたときにも喜びは感じると思いますが、ここで思い出してほしいのは、そういう条件付きの喜びの瞬間ではありません。「幸せなとき」「満ち足りたとき」とは、不安のないときです。つまり、一瞬でも不安が消えてなくなったときの自分の状態を思い出し、それを再現することで、心の基準点にしていただきたいのです。まずはそのときの自分の笑顔を思い浮かべましょう。そして、身体はおそらく、ふわっと軽く、温かく感じられていたでしょうから、その感覚を呼び起こしてください。

僕自身の体験では、お正月に朝から家族と初詣に出かけ、柏手を打って顔を上げたら、雲ひとつない真っ青な空が広がっていたことがあり、その瞬間、本当に満ち足りた気持ちになりました。誰かから何かをされたわけではなく、自然にさわやかな一瞬が生じたのです。そのときの心のありようが、僕の基準点になっています。

旅行先でふと登った高台から見た景色に、思わず「うわー」と声が漏れたとき。思いがけない瞬間にものすごくきれいな夕日を目にしたとき。あるいはご来光を見たときにも、そんなさわやかで満ち足りた気持ちになるのではないでしょうか。そのような、ふとした拍子に偶然生じる、さわやかな気持ちの一瞬を見つけることです。

みなさんも、1ヵ月に1回くらいは、そういう経験をしているはずです。もし思い当たらないというなら、それは気がついていないだけなのです。

たとえば、コンサートに行ったあと、非常に満ち足りた思いに包まれることがあるでしょう。憧れのアーティストに会えた喜びでアドレナリンが出ている興奮状態ではなく、夜、寝るときに、すべてのことに感謝したくなり、信心もないのに手を合わせて安らかな気持ちで眠りにつくときの、静かでありながら圧倒的な充実感は、基準点にしうるものです。

あるいは本が好きな方なら、その内容に深く入り込み、涙を流すほど満足のいく読書ができたあとに、いつもの街並みを見つめているだけで、ふと生きている実感がわいてきたことはありませんか。映画なら、観ている最中の興奮ではなく、観終わってコーヒーを飲みながら、「ああ、今日はいい一日だったなあ」という思いがジーンとこみ上げてくる感覚。

仕事でも、何か具体的なものごとがうまくいったというのではなく、今日は満足できた、一日を生ききったという充実感を覚えるときがあるでしょう。それをあなたの基準点にしてもいいのです。

ところが、たいていの人は月曜の朝の心の状態が基準点になってしまっていたりします。これは最悪です。普段の自分は少しどんよりしていたとしても、気持ちがさわやかになる一瞬を見つけ、そのときの心の状態を思い出し、何度も何度も再現して、自分自身の基準点にしていっていただきたいと思います。はじめは時間がかかるかもしれません。しかし、そのうちに条件反射的に、自分の感覚として再現できるようになっていきます。それが本来の自分なのだと言い聞かせ、確固たるよりどころをつくっていきましょう。

日々の生活や仕事のなかでいやなことがあっても、「これをやれば怒りが消えて、心の基準点まで戻すことができる」という方法を持っている人は、ストレスにも強くなります。もちろん最初から完璧に明るい状態になどなれないかもしれませんが、一瞬でもいいから怒りを消し、心の基準点へとリセットするよう心がけておくことです。

たとえばお茶やお花は、日常のなかに「節目」をつくって、気分を切り替える儀礼としての側面を持っています。茶道などはまさに、「いまこの瞬間」に生きることで、過去や未来の憂いを消す思想であり、実践的技法でもあります。お茶をいただくその瞬間に、過去と未来の節目をつくる。そうやって、自分が生きている時間のなかにたくさん節目をつくっておくのが、明るく生きるコツなのです。だらーっと、地続きの時間がずっと続いていくと、人間は必ず怒りをためてしまいます。

それくらい、僕らにとって怒りというのは、振り払ったと思ってもまた必ずやってくる、厄介な宿命のようなものなのです。以下、いくつか、怒りを消して心の状態をリセットする方法を紹介しますので、自分に合った方法を見つけてください。

リセットのためのエクササイズ

怒りを消して心の基準点にリセットする方法はいろいろありますが、僕が最近お勧めしている方法は、「木に抱きつく」というものです。近所の公園にでも行って、どれかお気に入りの木を見つけて、毎朝抱きついてみるという、非常に単純な方法です。なるべく大きな木に抱きつき、深呼吸する。自分の心のなかの澱んだ部分を、大木の力で流してもらうことをイメージするとよいでしょう。

〈エクササイズ〉木に抱きつく

①近所の公園などで、お気に入りの太い木を見つける。
②毎朝、1分間程度、両手を幹に触れ、深呼吸する。
③木と一体になり、自分の心のなかの澱んだ部分を流してもらうことをイメージする。

あまり目立つところで行うと不審者だと思われてしまうかもしれませんが、大きな木と一体になるように抱きついてみると、なんともいえない、さわやかな気分がわき出てきます。

この方法がいいのは、けっこう手軽に、他人に頼らず「自分の力で自分の心をコントロールできた」という感覚を得られることです。こんなふうに、人間以外の存在の力を借りるのも、怒りを消すための、ひとつの有効な方法だと覚えておいてください。

向き不向きがありますが、効く人には効果絶大な方法です。ちょっと恥ずかしいかもしれませんが、近所の人に見つからない範囲で、試してみてください。

〈エクササイズ〉深呼吸

①背筋を伸ばして座る。
②15秒かけて、ふーっと息を吐き切る。
③吐き切ったところで、すうっと息を吸い込む。
④10回程度繰り返すと、視界が開けてくる。

忙しくて木に抱きついている暇がないという人や、仕事の合間にちょっと心をリセットしたいというときに使える方法は、深呼吸です。15秒かけて、口をすぼめてゆっくり、ふーっと息を吐き切ります。呼吸が少し苦しいと感じるまで吐いたところで、すうっと息を吸い込む。これだけで、視界がぱっと明るくなります。そのときのコツとしては、あごを引いて、背筋を伸ばしておくこと。さらに、自分の身体のなかにある「真っ黒な怒りの塊」を、煙にしてふーっと吐き出していく。そういうイメージをつくってみるのもよいでしょう。

呼吸によって心身を整える「呼吸法」は、かつては秘伝といわれていた身体技法ですが、いまは武術の世界でも宗教の世界でも、「絶対外部に漏らしてはいけない」というほど厳しく情報管理されているわけではありません。しかし、たいていの人は、「たかが呼吸くらいで、そんなに効果があるわけない」と思っているので、本気で取り組んでいる人はそれほど多くはありません。呼吸法の力に気づいている人は、いまでも本当に少数派。いわば「隠されていない秘伝」なのです。こういうものは使わなければ損だと思います。

〈エクササイズ〉念仏を唱える

① 心のなかが怒りにとらわれそうになったら念仏を唱える。

② 念仏の種類は問わない。

念仏を唱えるのも有効です。種類はなんでもけっこうです。家の宗教が浄土真宗の方なら「なんまんだぶ、なんまんだぶ……」ですね。あまり病院のなかで唱えると怒られるかもしれませんが、心のなかが怒りにとらわれそうになったら、念仏を唱えてみるのもいいでしょう。現代人はほとんど信用していませんが、念仏も心の基準点をリセットするにはすごく有効で、実践的な心理学的技法でもあると僕は考えています。

真言密教のマントラなどの声の響きの違いが、心にどういう影響を与えるか、最近になって科学的な研究も始まっているようですが、そうした根拠はともかく、実際にやってみて、自分なりに効果を検証してみるのがいちばんでしょう。どんなに嫌なことがあっても、念仏を唱えていると、10〜20秒程度のあいだですが、スーッと全部忘れることができる。これによって、気持ちをパッと明るい方向にシフトチェンジしていくことができます。

念仏の効果をより確かなものにするコツは、口先ではなく、心から集中して唱えることです。真剣に、集中して唱えることができれば、かなり多くの人が効果を実感できるはずです。

特定の念仏に抵抗がある人のために、効果抜群の呪文をひとつ紹介しておきます。これは、スリランカ上座《じょうざ》仏教のスマナサーラ長老※が紹介されていた方法なのですが、怒りにとらわれているときに、「私は怒っている。私は怒っている。私は怒っている……」と5回ほど、心のなかでゆっくり唱えるというものです。そうすると、自分のなかにある怒りはほとんど消え、気持ちをリセットすることができる。これこそ「ばかばかしい」といわれそうですが、完全といっていいくらい消えるのです。

どうしてこんな方法で怒りが消えるかといえば、「怒り」が心のなかで起こっている現象だからでしょう。たとえば、「とても厄介な人がいて、職場に行くのが嫌で嫌で仕方がない」という悩みがあったとします。この場合、「厄介な人」が事実だったとしても、そういう人がいることで「嫌で嫌で仕方がない」と思うのは、あくまで自分の心のなかで生じている「怒り」にすぎません。「一瞬で変わる」心のなかの出来事は、基本的にコントロール可能なのです。

※　アルボムッレ・スマナサーラ長老

スリランカ上座仏教（テーラワーダ仏教）長老。1945年、現在のスリランカに生まれ、13歳で出家する。スリランカの国立大学で仏教哲学の教鞭をとったのち、80年に来日。現在は、日本テーラワーダ仏教協会などで初期仏教の伝道、指導に従事。誠実温厚な人柄、的確で流暢な日本語による説法で定評がある。『怒らないこと』（サンガ新書）など著書多数。

「朝の過ごし方」が一日を決める

怒りを制御したいと思うなら、「朝の過ごし方」に注意を払う必要があります。というのも、心の基準点はだいたい朝のうちに決まってしまうからです。午前中の心の状態が、その日一日を支配してしまう傾向がある。ですから、朝起きてから数時間のうちに、心の基準点をぐっと上げておくことは、心の技法としてかなり有効なのです。

90ページで述べたように、朝起きたときの半覚醒状態のあいだに起こる自動思考が、僕らを疲れさせています。だとすれば、朝はなるべくしゃきっと早く起きたほうが、一日を元気に過ごせることがわかっていただけると思います。

朝起きたときの自動思考を止めるためにはどうすればいいのか。なるべくすばやく覚醒する、ということにつきます。目が覚めたら10分以内に布団から出るようにする。30分以上もぐずぐずしていると、自動思考にとらわれ続けてしまいます。寒い時期、電気毛布で寝ていると、あたたかくていつまでも布団から出られないので、湯たんぽをお勧めします。湯たんぽの保温時間は6時間くらいですから、8時間もたつと寒くて目が覚めます。

起きてもまだボーッとしているときは、早いうちに冷たい水で顔を洗ってください。顔を洗うのが辛《つら》ければ、目に冷たい水をつけるだけでもいいでしょう。それだけでも、自動思考から離れることができます。

また、就寝前に飲み食いしない、というのもポイントです。食べ物や飲み物の消化には時間がかかります。夜、寝る前の数時間に飲み食いすると、寝ているあいだも消化器を働かせることになってしまいます。そうすると当然、寝起きが悪くなるし、起きたときの覚醒レベルも低くなってしまうのです。午前0時に寝る人であれば、夜9時以降にはなるべく食べない。飲み食いするとしても、アルコールやしっかりした食事などは避けるようにしたほうがよいでしょう。

〈エクササイズ〉シャワーを使う

① 風邪っぽいとき、調子が悪いときに、熱いシャワーを背骨にかける。

② 目をつぶって身体の状態を確認しながら、頸椎《けいつい》から胸椎、腰椎、尾骨まで順にかける。

③ 熱さをあまり感じないところがあれば、重点的にあたためる。

風邪っぽかったり、疲れて調子が悪かったりするときには、熱いシャワーを背骨にかけるという方法が有効です。シャワーを浴びながら、身体の状態をよく確認してください。目をつぶって、頸椎から順番に胸椎、腰椎、尾骨まであてる。そうすると、熱さをあまり感じない場所があると思います。そこを重点的にあたためましょう。そうすると身体の感覚の鈍りが改善されます。

また、朝をしゃきっと過ごすためにも、起きてすぐシャワーを浴びるのは有効です。とくに低体温気味の人は、起きたあともなかなか体温が上がらず、意識がはっきりしないと思います。そういう人は朝から熱いシャワーを浴びてください。温度は40度以上で、少し熱いと感じる程度がいいでしょう。心のもやもやが晴れ、しゃきっとした気分で一日を過ごすことができます。

100回に1回でも怒りを消せれば運気が変わる

ご紹介した方法すべてを実行する必要はありません。どれでもいいので自分に合ったものから試してみてください。最初は、「午前中に1回、怒りを消せた」「午後は2回、怒りを消せた」というくらいで十分です。それだけでも、かなり明るい、さわやかな性格になれます。心の基準点を上げていくことで、それまで自分にとって当たり前の存在だった「怒り」が、消すことのできる、消すべきものに感じられてくると、ちょっとしたことで怒る場面が減ってきます。

すると、そのうちに「運気」が変わるような感覚も生じてきます。出会いの質が変わったり、日々の流れが変わったりするでしょう。非科学的と思われるかもしれませんが、怒りが消えると視野が広がり、より「網の目的世界」を感じられるようになることで、悪い流れを断ち切りやすくなるのです。

あえて理屈をつけるなら、こちらがさわやかな表情で軽やかに仕事をしていることによって、まわりの人も気分が良くなり、物事がうまくまわるようになる、ということかもしれません。いずれにしても、自分が明るくなれば、周囲の人にも影響を与え、その効果がまた自分にも返ってくるということは、ひとつの知恵として心に留めておいてよいものだと思います。

心には「毎日」が効く

怒りを消すことに取り組んでいただくにあたって、大事なことがあります。それは、どんな方法を選んでも、「必ず毎日やっていただく」ということです。

「心には毎日が効く」と覚えてください。つまり、「よし、一日中ニコニコ笑ってやるぞ」と一生懸命、頑張って過ごしたものの、次の日は疲れて一日中怒っていました……ではダメなのです。

本書で紹介するさまざまな方法論には、向き不向きがありますので、自分に合ったものを取捨選択していただいてかまいません。しかし、どれを選んだ場合も、「心のためにこれをやろう」と思い立ったのであれば、必ず毎日やるようにしてほしいのです。「1週間に1回だけですが、2時間も瞑想《めいそう》しました！」というよりは、「1日たった5分ですが、もう3ヵ月、毎日続けています」というほうが断然すばらしい。今日は飲み会だからやめておこう、という心持ちでは絶対に継続できないし、効果も薄れてしまいます。

1週間なら1週間、まずは毎日続けてみる。1週間続けることができたら、それを10日に延ばし、2週間に延ばしていく。そうやって1ヵ月も継続することができたら、心の状態はだいぶ変わってきているはずです。

「明るさ」は自分でつくる

「心は一瞬で変わる」ということは、怒りにとらわれた状態がそうは長続きしないと同時に、怒りを消した、落ち着いた心の状態もまた、長く維持するのは難しいことを意味します。実際、心が落ち着いたまま生活している人を、僕はあまり見たことがありませんし、僕自身の心も、常日ごろから揺れ動いています。

紹介してきたさまざまな方法で怒りを消し、落ち着いた心をつくるといっても、現実的には、その状態が10秒も続けば上出来です。逆にいえば、たとえ10秒であっても、本当に光に包まれたような落ち着いた心の状態をつくることができれば、明るいさわやかな、ある種の「モード」を身体の奥底のほうに定着させることができるようになります。それは、通奏低音のように身体に残ります。そうすると、傷つくことを言われたり、イヤなことが起きたりしたとしても、心の振れ幅を小さくすることができるのです。

本当に落ち着いた心の状態など、この本で紹介したことをすべて実行していただいたとしても、一日のうちの1％をそこに持っていければ大成功といっていいくらい、希少な状態です。ところが、それだけ希少であるにもかかわらず、一度でも、一瞬でもその状態を体験した人は、そちらのほうが本来の自分なのではないかという、「しっくりした感じ」を持つことができます。いわば、「心のデジャヴ感」を抱くのです。

人間はきっと、子宮のなかにいたときと同じくらい心が落ち着いた状態を心地よいと思う感覚を、潜在的に持っているのだと思います。だから、「怒りを消しなさい」というのは、外部的な倫理とか、守らなければいけない命令ではないのです。怒りを宿命として生まれてきたことに対する、ある種の悲しみとか、はかなさを覚えることができれば、自然と怒りを消したい、と願うようになる。「心は一瞬で変わる」というのも同じで、だからこそ僕らは、そうした暴れ馬のような心を鎮めて、自分が本当に求めている心の状態を手に入れたいと、心のどこかで願っているのでしょう。

もう一度、肝に銘じておいていただきたいのは、「心の明るさは自分でつくる」ということです。怒りを消すのはほかの誰でもない、自分の仕事なのです。当たり前のことのようですが、これは非常に大事なポイントです。

というのも、怒りを消すためには、「自分の怒りは他人のせい」という考えから、徹底的に抜け出しておく必要があるからです。怒りが僕ら人間にとってある種の宿命であること、怒りが僕らの心を疲れさせ、人間関係を壊していること、そこまでは受け入れることができたとしても、「自分の怒りは他人のせい」という考えから抜け出せなければ、怒りを消すことは難しいのです。

怒りというのはあくまで自分の心のなかの問題です。「自分の怒りは、自分のせい」なのです。怒りは自分の心のなかで生じているもので、それ以上でも、以下でもありません。

なぜ、このことを念入りに書いているかというと、「他人の力で自分を明るくしてもらう」よりも、「自分で明るくなる」ほうが、ずっと簡単に楽になれるからです。他人に頼らず、自分の力で怒りを消すことが一度でもできたら、それは、その人が生きていくうえでのものすごく大きな自信につながります。

たしかに、親しい友人に話を聞いてもらって楽になることはありますし、そういう相手は大事にしていただきたいと思います。でも、「あの人が喜ばせてくれなかったから、私は幸せじゃない」とか「あの人のせいで、私は明るい気持ちになれない」という、心を他人に支配されてしまう人生からは、なんとしても脱却したほうがいいのです。

もちろん、聖人ではない僕たちには、完璧に怒らないなどということは、とうてい不可能です。でも、「心の明るさは自分でつくる」と誓い、日々の生活のなかで、怒りを消していくことを地道に実践していけば、それが対人関係の問題を解決する希望につながるのです。

レッスン 6

対人関係をストレスにしない

「怒らせる人」は苦しんでいる

「対人関係のストレス」がよく話題になります。ストレスは「ストレス因」（ストレッサー）によって引き起こされますが、あるストレス因によってどれくらいストレスを受けるかは、人によって異なります。「対人関係」もストレス因の一種ですので、同じような人間関係の軋轢《あつれき》を抱えていても、その人がどうとらえるかによって、受けるストレスは変わるのです。

では、ストレス因によって引き起こされる「ストレス」とはなんなのか。レッスン1から5までを読んできたみなさんには、それが「怒り」であることは、言わずもがなだと思います。「対人関係のストレス」というとらえ方をしているかぎり、対人関係の問題はなかなか解決しません。しかし、同じ問題を、「対人関係にともなって生じる自分の怒りをどうやって消すか」という問いとしてとらえなおすと、解決への道のりが見えてきます。

怒りを消すことさえできれば、対人関係は必ずしもストレスにはならないし、むしろ自分や社会にとって有益なものを生み出す「場」に変えていける可能性が開けるのです。

もちろん現実には、対人関係でストレスを感じるのは事実だと思います。悟りきった人でもなければ、対人関係のなかで怒り、悩み、ストレスをためているはずです。そういう意味では、少なくとも主観的には、僕らのまわりには必ず「怒らせる人」や「イライラさせる人」がいます。そういう人たちがいるから、僕らは腹を立てたり、いらついたりしている、と考えるのが普通です。

しかし、**「怒らせる人」や「イライラさせる人」がどういう人たちなのか考えてみると、じつはその人たちもまた「怒っている」**ことがわかります。

すぐ嫌味を言ってくる否定的な人や、こちらを攻撃してくる人、無視する人、無礼な態度を取る人。いろいろなタイプがいるとは思いますが、その人たちを丁寧に見ていくと、必ずその人自身が怒っています。たとえば「嫌味を言う」人は、先に述べた「見下し」の怒りに取りつかれているのでしょう。

バカにする人、嫌味を言う人、悪口を言う人、噂話《うわさ》が好きな人……これらはみな「怒らせる人」ですが、同時に「怒っている人」でもあります。つまり、「怒らせる人」はほとんどの場合、その人自身が怒りにまみれた、不幸の渦中にいるのです。

そこまで思い至ると、**「自分の怒りは他人のせい」と考えているかぎり、怒りがもたらす負のスパイラルからはけっして抜け出せない**、ということが理解できると思います。お互いにお互いのことを怒っていたのでは、怒りから自由になるどころか、2人でどっぷり、怒りの火に油を注ぎ合う道しか残されていません。しかし多くの場合、「だってあの人がこんなことを言ったから」「ああいうことをしなければ、こちらも腹が立たないのに」という考えに取りつかれてしまっています。

そういう考えを手離し、「怒りは自分の心のなかで生じている」のだと、心の底から受け入れることができれば、自分を怒らせる人を目の前にしたときでも、少なくとも論理的には、こちらが腹を立てることはなくなるはずです。他人を怒らせる人は、すごく孤独で、人を信じられなくて、本当に情けない気持ちで生きているのです。「この人はじつは苦しんでいるんだな」というところまで洞察が及べば、やたらにカリカリすることもなくなるでしょう。

もちろん、これは理想論で、現実はそうたやすくはありません。しかし、ひとまず論理的にはそうだということを理解しておけば、本書で述べてきたような「怒りを消す」というテーマに取り組みやすくなると思うのです。

他人と距離を置きたがる現代人

読者のなかには、対人関係によって「心を深く傷つけられた」という思いを持つ方も少なからずおられるでしょう。ある人を信頼していたのに、裏切られてしまった経験があったり、あるいは裏切られることが怖いから、対人関係に積極的な意味を見出《みいだ》せずにいたりするかもしれません。

こうした思いによって、対人関係から、ある種〝撤退〟しようとする傾向は、何も引きこもりやうつ状態の人ばかりではなく、僕らみんなが多少なりとも持ち合わせているものだと思います。というのも、僕らの社会は「利便性」を追求するあまり、他者との軋轢をできるかぎり遠ざけ、それを「発展」と位置づけてきた歴史があるからです。言い換えれば、僕らの大好きな「便利さ」の本質は、他者から遠ざかることだといってもいいくらいなのです。

戦後の経済成長のなか、日本人はわずらわしい人間関係をできるかぎり排除するかたちで、社会の「発展」を成し遂げてきました。その最もわかりやすい結果が、昭和の核家族化であり、平成の家庭崩壊です。あらゆるものが便利になっていく日本社会のなかで、唯一「不便なもの」として残ってきた家庭内のコミュニケーション。その不便さ、わずらわしさを解消するために、僕らは自ら身近な人間関係を壊し、撤退する道を選んできました。

「他者から撤退する」ことの、いちばん目に見えやすいかたちは「引きこもり」ですが、これはいわば「空間的に他者から遠ざかる」方法です。しかし、僕を含めて多くの人間は、自己の境界線をどんどん自分の内側に狭めていくという、もう少し目に見えにくい方法で、他者から撤退しているのだと思います。まわりに人がいても、極端な話、満員電車でギュウギュウ詰めになっていても、けっして自分という存在が侵されないように、「自己の境界線」を自分の内側につくる。そうやって他者からの回路を閉ざし、自己防衛しています。

このとき問題となるのは、他者からの回路を閉ざしたまま、どうやって自己像を保ち続けるか、ということです。というのは、人間は本来、所属感、あるいは「受容されている感覚」なしに、自分を保つことができないからです。

これについては、以前、占星術研究家の鏡リュウジさんと対談したときに、興味深い話を聞きました。インターネット上に、占星術を専門に取り扱う「マイスピ」というサイトがありました。マイ・スピリチュアリティ、すなわち「私のスピリチュアリティ」の略なのですが、考えてみると、これはすごくラディカルなネーミングだというのです。鏡さんによれば、スピリチュアリティ、つまり精神世界というのは、少なくとも中世までは、教会とか、共同体が握っていたといいます。もちろん、森のなか、ひとりで修行するお坊さんもいたでしょうが、その場合でも、彼らの背景には、教団とか共同体の信仰がありました。

だから、「私のスピリチュアリティ」というのは、じつに不思議なネーミングなのです。鏡さんは「スピリチュアリティの個人化、そして断片化」という言い方をしていましたが、このことは、先に述べた「他者からの回路を閉ざす」生き方と密接にリンクしています。

つまり、自己像をできるだけ小さくつくったうえで、私だけの〈神さま〉とつながるのです。〈神さま〉が特定の信仰の神の場合もあるでしょうが、それは少数派で、個々の人が自分だけの〈神さま〉をつくり、自分なりの「私は受け入れられている」というストーリーのなかに、自分自身を隔離します。物理的に他者を遠ざけるのではなく、自分自身のなかに小さく自己を隔離してしまうことによって、他者から撤退するわけです。

そういう人に、「それじゃだめ」「こうしなさい」と説教したいわけではありません。この話を紹介したのは、いま述べた「他者からの撤退戦略」は、僕も、この本を読んでいるあなたも共有している、ひとつの時代性だと思ったからです。〝他者を遠ざけつつも、他者から「あなたは大丈夫」と承認してほしい〟という矛盾した欲望を、程度の差こそあれ、僕らはみんな抱いている。そうした傾向を、認めざるをえないと思うのです。

ただ、その方向で自己像を強固につくり上げてしまうと、長期的には、コミュニケーションが致命的に困難になり、僕らの心は怒りに満たされてしまうだろうと思います。「自分は受容されている」という幻想の奥で、本質的には満たされない愛情欲求が、怒りにエネルギーを供給し続けることにならざるをえないからです。

人間関係の軋轢から逃れるために他者から撤退するのは、一見、合理的な行動に見えます。しかし、思い出してください。リアリストの世界は閉じていくのです。自分の世界に閉じこもることで、怒りの原因から離れたように見えても、「網の目的世界」を感じることができていなければ、結局のところ視野が狭くなり、怒りから逃れることもできなくなってしまうのです。

ものごとを俯瞰で見る

では、他者から撤退せずに、人間関係の現場に踏みとどまり続けるにはどうしたらいいでしょうか。自分の心から怒りを消す努力は続けるという前提で、少し現場的な対応について考えてみたいと思います。

ひとつは、「俯瞰《ふかん》で見る」視点を手に入れる、ということです。職場や友人関係など、僕らはなんらかのかたちでグループに所属して生活しています。小さな単位でいえば、家族や親戚もグループです。そこで、どんなグループに所属した場合でも、個としての自分とグループのあいだにある温度差やギャップを、できるだけ引いた目線で認識しておく。会社のデスクに座っている自分の姿を、少し遠くに浮かんでいる気球から見下ろすような視点をイメージできるようにしておくのです。

とくに仕事の場合、その職場での自分の役割を的確にとらえ、組織に貢献するためにも、「俯瞰で見る」ことは重要です。逆にいえば、いま置かれた自分の立ち位置や仕事に、アイデンティティのすべてをかけている人は、遠からず組織のなかで自分の力を有効に発揮することができなくなるでしょう。悪い場合には、エネルギーが空回りして、同僚に迷惑をかけ、人間関係を壊してしまうこともあります。仕事を始めて数ヵ月で辞めてしまう人は、不真面目なのではなく、むしろこうした「真面目すぎる」パターンが少なくないのではないかと思います。

武術研究家の甲野善紀《こうのよしのり》先生が以前、「センサーモード」と「運動モード」という言葉を使って、ご自身の技を説明されていたことがありました。センサーモードというのは、俯瞰的なところから自他の状況を察知できるような、周囲に対して開かれた状態であり、運動モードは、自分が働きかけようとする対象や、自分の運動に集中している状態です。

甲野先生は、このふたつのモードを巧みに使い分けることで技をかけているようですが、ここでポイントとなるのが、僕たちは普通、「センサーモード」と「運動モード」を同時に使うことはできない、ということです。運動モードに入ると、相手や周囲からの微細な情報を感知することができなくなるし、逆にセンサーモードのままこちらから有効な攻撃を仕掛けることは非常に難しい。

武術の技の説明になぞらえるのは、はなはだ不正確かもしれませんが、あえてこの表現を借りるなら、「仕事やるぞ！」と気合を入れすぎた状態は、いわば「運動モード」一辺倒で、周囲の状況を敏感に感じ取るセンサーがオフになりがちなのではないか、と思います。だから、仕事に一生懸命になればなるほど、目の前にいる人の顔が見えなくなったり、仕事そのものが持っている楽しさがわからなくなったりするのです。

そこで、ときどきふっとセンサーモードに入って、俯瞰的に自分の所属する組織を見渡してみてはどうでしょう。運動モード一辺倒で、ごりごり仕事をしているよりも、それくらいの余裕があったほうが、他人の立場に立った仕事ができるし、やさしくふるまうこともできるようになります。俯瞰的な視点を持つことで、結果的に他人の立場を推し量る知恵が自然と働きだし、集団のなかで、自分の力を生かせるのはどういう方面か、どこが手薄で、どこに人が余っているか、問題点はどこか……そういった課題に目を向けることができるようになるのです。

「相手の立場を考えられる」「状況をもう少しだけ広く考えられる」というのは、人としての「知恵」の原形だと思います。そして、この知恵の構造は、「そういうふうに考えよう」

と意識するのではなく、むしろ「センサーモード」に入って俯瞰的な視点を持つことによって、自然と働き始めてくれるものなのです。この知恵の構造が働き始めると、仕事にしても、人間関係にしても、うまくいきやすいし、楽しくなります。

グループから〝頭ひとつ〟出しておく

どんな集団にも、その集団独特の「色」というものがあります。それをできるだけ客観的に認識し、そこから〝頭ひとつ〟出しておくことも、集団のなかで継続的に生き残っていくためのひとつの知恵といえます。

ネガティブな雰囲気の職場に毒されて、仕事を始めたばかりのころに持っていたやる気を削《そ》がれてしまうこともあれば、エネルギッシュで前向きな職場の空気になじめず、かえってストレスを抱えてしまう新人もいるでしょう。そこで有効なのが、いま述べたように、あなたの所属する集団の「色」を見極め、そこから〝頭ひとつ〟出しておくことなのです。

日本では、どんな集団もムラ社会化しやすい傾向にあります。色にたとえれば、青の人、黄色の人、ピンクの人、白の人……と、いろいろな色を持つ人たちがひとつの職場に共存することは非常に稀《まれ》で、「茶色の職場」とか「緑の職場」というふうに、多少の濃淡はあっても同系色の人が集まりがちです。ある集団に個性豊かな面々が居並ぶのは、『踊る大捜査線』のようなテレビドラマや映画の世界だけで、現実には職場全体がひとつの雰囲気を共有し、ひとつの色に染まっていることのほうが多いのです。だから、職場のなかではけっこう際立ったキャラクターを発揮しているように見える人も、外側から見ると、あるグラデーションのなかに埋没していて、さほど突出しているわけではなかったりもします。

仕事の方針から飲み会の話題まで、その組織にまつわるあらゆる物事が、その職場の「色」を形づくっています。その「色」に自分を合わせ、適応していくことは、人間としても、職業人としても、すごく大切なことであるのは間違いありません。しかし、そうやって職場のカラーに適応しつつも、同時にそこから「頭ひとつ出しておく」という態度を、僕はお勧めしています。どれほどその職場がすばらしい雰囲気を持っていたとしても、そのなかに完全に浸ってしまうのは、やはりまずいのです。

もっと具体的にいえば、職場内だけで人間関係を完結させるのではなく、少しだけでもいいので、外部にアンテナを伸ばしておく。仕事であれ、趣味であれ、人間関係であれ、何か自分が所属感を覚えられるような場、あるいはグループを持つ。職場などの「第一の所属」とはまったく別に、「第二の所属」となるような場を持つことによって、かえって職場内のコミュニケーションが円滑になり、関係性を長続きさせることができるようになるものです。

日本的な年功序列、終身雇用のシステムは崩れつつあるといわれますが、組織内部の同調圧力は、さらに高まっているようにも感じます。どんなにすばらしい集団であっても、「そこだけ」に閉じこもっていると必ず息苦しくなります。自分が所属する集団の外側につながる回路を持っておかないと、必ず視野が狭くなり、集団のなかでストレスをためやすくなるのです。

無理してお付き合いしない

職場やグループのなかに、どうしてもウマが合わなかったり、腹立たしかったり、一緒にいると疲労してしまったりするタイプの人がいる、ということは少なくないでしょう。そういう人とは付き合わないか、なるべく離れているのがいちばんですが、仕事上のお付き合いなどがあり、どうしても離れることができないという悩みもよく聞きます。

ただ、そういう場合でも、「なぜ、そこから離れられないと自分が考えているのか」についてはよく洞察しておくべきだと思います。というのは、そう考える根っこのところには、「離れたら意地悪されてしまうのではないか」「仲良くしないとポストから外されるのではないか」「日々の仕事が気まずくなるのではないか」といった不安があることが多いからです。

不安とは怒りである、と先に述べましたが、そうした不安が、自分にとって得にならない人間関係に自分自身を縛りつける原因になっていることが少なからずあります。不安を動機にしたお付き合いを続けていると、どうしても暗い気持ちになり、怒りが心のなかにたまってしまいます。自分自身の「意地悪されたくない」という不安もさることながら、グループが共有しているネガティブな空気感のようなものに同調してしまうことも、心に怒りをためてしまう原因となります。

自分自身の感情や、グループの雰囲気をきちんと認識したうえで、「やはりこの人たちと付き合うべきではない」という結論に達するようであれば、そのグループとは距離を置くことを考えたほうがいいでしょう。

嫌いな人のために祈る

とはいえ、どうしても生理的に受けつけない人と、チームを組まなければならないことも世の中にはあります。なるべくならそういう人とは付き合わないに越したことはないのですが、付き合わざるをえない場合にはどうしたらいいか。少しハードルの高い方法かもしれませんが、ひとつ紹介しておきます。

自分にとってすごくイヤな人、苦手だという人とのお付き合いを続けなければいけない状況に置かれたときには、その人のポートレート（肖像写真）を、一度じっくり、心のなかに思い浮かべていただきたいのです。

〈エクササイズ〉苦手な人のポートレートを思い浮かべる

目をつぶって10秒間、自分にとってイヤな、あるいは苦手な人のポートレートを思い浮かべる。

おそらく、思い浮かべたその人のポートレートは怒っているか、あるいは暗い顔をしていたのではないかと思います。こちらをにらみつけているか、不機嫌な顔をしていることでしょう。

ところが、怒りを消し、心を落ち着けることができると、その人がにっこり笑っていることがあるのです。そういうときには、ポートレート全体の光度がぐっと上がります。そして、そんなふうに全体が明るく、光のなかに浮かんだような見え方をするときには、自然と「あ、この人、私には嫌味ばっかり言うけれど、いまの笑顔を見ていると、やさしい面も持っているのかな」と思えるようになります。

ただし、これは一瞬のことで、また考え直してみると、「そんなはずはない。あんなイヤなやつが、こんなさわやかな笑顔なんか見せるはずがない。私の妄想だ」と思えてきたりもするのですが、この「イヤな相手の笑顔を生理的嫌悪感なしに思い浮かべる」という、ある種、単純極まりないエクササイズに、ほんの10秒でも成功するだけで、臨床的には現実がゴロンと動きだすことが、少なからずあるのです。というのも、イヤな相手、苦手な相手のさわやかな笑顔をリアルに思い浮かべることができるようになると、その人に対して怒ることが、少し難しくなるからです。そして怒る回数を減らすと、その人に対する怒りが薄れてくる。順序が逆のように感じるかもしれませんが、僕らは「怒ること」をやめることでしか、その人に対する怒りを消すことはできないのです。

さらにもう少し踏み込めそうなら、日課として、「嫌いな人のために祈る」ことに取り組んでみてもいいと思います。祈りの臨床的効果というのは、いまはすごく過小評価されていると思うのですが、少なくとも心理療法としては非常に実践的な技法です。職場やプライベートでイヤな目にあったときには、家に帰ってから、背筋を伸ばして座り、手を合わせて、その人のためにお祈りしてみてほしいのです。

〈エクササイズ〉嫌いな人のために祈る

①一日の終わりに、背筋を伸ばして座り、手を合わせる。

②ゆったりと息を吐きながら、自分の大切な人へのお祈りと合わせて、自分の苦手な、嫌いな人についても、幸せを祈る。

もちろん、「その人の顔を思い浮かべるだけで、なんだか吐き気がしてくるんですけど」という方は、やらなくてけっこうです。でも、「今日も一日、無事、幸せに過ごせました、ありがとうございます」という無難なお祈りの言葉のあと、最後に「○○さんも幸せでいてください」と付け加える程度でかまわないので、その人のためにひと言だけ祈る。それでも実行に移すには案外高いハードルがあるのですが、面と向かって仲良くする努力よりは楽だと思います。そうやってちょっとした度量をみせて、その人のために祈る、ということをやってみるだけで、事態が好転していくことがあるのです。

「嫌いな人のために祈る」のが難しければ、最初は自分や家族、親友たちの幸せを祈る。次に、付き合いは浅いが取り立てて悪感情も抱いていない人のことを祈ってみる。そして最後に、「もののついで」でもよいので、その人のことも祈ってみる。

そんなふうに、だましだましでもかまわないので、「嫌いな人の幸せを真剣に祈る」ことができるようになると、だんだんとイメージのなかのその人が笑顔になってきます。そうすると、その人の前に立ったときに、苛立《いらだ》ったり、緊張したり、妙な心理状態になったりすることがなくなっていくのです。

学びの触媒としての他者

僕らは他者との関係性がないところでは、学んだり、成長したりすることはできません。他者とかかわる場に生じる、ある種の〝触媒作用〟がもたらす効果は、それだけ大きいと僕は考えています。

たとえば、何か悩み事があって相談するとしましょう。悩み事そのものは解決しなくても、相談の過程で、その人とのあいだに生まれた安心感や信頼感のようなものが、僕らに瑞々《みずみず》しい機動力を与えてくれることがあります。そうすると、それまで「そびえたつ壁」のように見えていた大問題が、「自分で頑張れば、なんとかなるんじゃないだろうか」と、違った風景に見えてきたりします。こうした〝触媒作用〟は、時として劇的ですらあると、僕は感じています。怒りの少ない状態で、自分が尊敬できる相手と交流することができれば、対人関係はストレスどころか、あなた自身が変わったり、救われたり、成長したりする大きな学びのきっかけとなりえるでしょう。

ただ、それはあくまできっかけであり、〝触媒〟なのだということは、強く踏まえておくべきです。他人に「変えてもらう」とか「成長させてもらう」のではなく、「自分が変わる」という気持ちがあってはじめて、学びや成長がある。そう考えると、いかにして相手に依存せず、他人と交流していけばいいのかが、かなり大きなテーマとなってくることがわかります。

問題解決に至る話し方

他者との交流の場で生じる〝触媒作用〟を引き出すには、コツがあります。そのひとつが、何かを相談したり、提案したりするときには、「あっさり、淡々と話す」ということです。たとえば、悩み相談までいかないけれど、ちょっともやもやした気持ちにとらわれたときに、「じつはこんなことがあってさ」と、話しながら事実を整理していくと、それだけで気分がすっきりすることがありますね。かなり深刻な悩みであっても、そういうふうにあっさり話して、相手も「ああ、そういうことってあるよね」と相槌《あいづち》を打つ程度の聞き方をしてくれると、それだけで問題が解決してしまいます。

これに対して、長時間を費やしてディテールに至るまで細々《こまごま》と話し、相談相手も真剣に解決策を考えるような「悩み相談」モードで話した場合、結局は本質的な解決に至らないことが案外多いのです。会話に「軽快さ」がないと、人に話すことの効果は薄くなってしまいます。なぜかというと、**僕らは「真剣に話そう」とすればするほど、自分に嘘《うそ》をつくようになる**からです。

つまり、「自分の感情を相手にわかってもらう」ためや、「相手が自分を助けたくなる」ための〝物語〟をせっせとこしらえて、それを話すようになる。そうやってつくった物語は、往々にして、自分の内側のドロドロとした感情を隠すものになりがちです。

その典型例がいわゆる「苦労話」です。「若いころ、こういうことがあってね」という語りは、表向きはすごくいい話に聞こえても、じつは、その人の本音や心の暗部を隠すよう巧妙につくられた、非常に完成度の高い物語にすぎない場合があります。相手に味方でいてほしいという依存心や、相手に救ってほしいという思いからつくった物語です。こうした物語は必ず、本心を巧妙に隠したものになりがちです。だから話を聞いているほうとしては、「結局あなたの本心はなんなの?」と核心をつかめない不全感を覚えるし、話しているほうも、自分の感情にそぐわない話を繰り返す自分にイライラしてしまうことになるのです。

僕らは、依存心を起こせば起こすほど、相手に依存できなくなってしまう。依存するためにつくったつもりの「物語」が、相手に依存しない（できない）方向に働いてしまう。こういう心理はかなり自律的に動いているので、しっかりと意識化しないとコントロールできません。だから、話せば話すほど、物語は自分の感情から離れていき、核心のところは相手に伝わらなくなります。そして、30分で済む話が3時間になり、それでも「私の気持ち」は伝わらず、互いに疲れ果ててしまうのです。

もちろん、人間の語りなど、すべて作り話といえば作り話だし、まったく嘘のない「ホントの話」などというものは存在しません。問題は、熱を込めて語れば語るほど、物語はあなたの本心から離れたものになってしまう、ということです。

物語が精緻で破綻のないものになればなるほど、本当に伝えたかったことから離れてしまう。裏を返せば、物語は破綻しているほうが効果的だ、ということでもあります。相手を説得するような物語ではなく、淡々と、手短かに事実を語る。前後のつじつまが合っていなかったり、論理としては破綻していたりするかもしれないけれど、案外、そのほうがこちらの本意が伝わることが多いものです。また、そういう話であれば、聞き手のほうも別に気の利いた意見を言う必要もないので、楽な気分で聞くことができます。

じつは、多くの人の共感を呼んできた文学や映画、あるいはアニメの物語などは、精緻なようでいて、どこか破綻していることが多いのです。むしろ僕らは、物語が破綻する瞬間に、臨場感や、いきいきとしたものを感じる。それがないと人の心には訴えかけてこないのだと思います。

人に話をするときは、淡々と、あっさり話すのがいいのでしょう。ただし、これは考え方としては簡単ですが、実践するのはそうやさしくはありません。誰でも自分のことを語るときは、嘘をついてでも自分の話に説得力を持たせたくなります。しかし、そうやって熱心に語れば語るほど、嘘は大きくなってしまいます。それだけに、他人に何かを語るときには、「できるだけあっさり過不足なく話そう」と心がけておくことが、ひとつの技法として役に立つのです。

レッスン 7

自分自身と対話する

自分の内側を観察する

怒りをコントロールする方法論にはさまざまなものがありますが、そのなかで、僕が最も普遍的な方法と考えているのが、「自分の内側を観察する」ことです。

ものごとの外側を観察することは、誰でも当たり前にやっています。子どものころには昆虫観察やアサガオ観察、さらには親の顔色を観察して、欲しいものをねだるタイミングを計ったりもしていました。顔色をうかがう、空気を読む、というのも外側の観察です。とりわけ日本人は、外側の観察には長《た》けていて、それが精緻なモノづくりや、世界トップレベルの技術力にもつながっているわけです。

ところが、自分の内側の観察となると、どうしたらいいのか、皆目わからなくなってしまうという人がほとんどです。日本人には向いていないのかというと、そんなことはありません。じつは、日本人は昔から、「こもる」というやり方で自分自身の内側を見つめてきたのです。

たとえば、神社の宮司《ぐうじ》さんやお寺の和尚《おしょう》さんは、祭礼が近づくと、一定期間、社寺にこもって五穀を断ち、食を細くして、勤行《きんぎょう》や祈願などを行ってきました。あるいは、芸能の分野でも、浄瑠璃やお能などを演じる際には、本番前にこもって精神を集中させたといいます。おそらくかつては一般の人のなかにも、夏祭りや秋祭りの前にはこもる人が大勢いたのではないでしょうか。そこで自分の内側を見る、身体を見直す、心をじっと見つめる、同時に神仏に感謝する——そういう集中の仕方を、お祭りの一環として、あるいは芸能の一環として、習慣化させていました。

これに限らず、山野を歩き続ける、冷水をかぶるなど、こもる形態はさまざまです。いまでも、書斎にこもって本を読むとか、部屋にこもって勉強をするというように、「こもる」という言葉は使われていますが、もともとは「ひとりになって心を何かに集中させる」ということだと思います。つまりは、「瞑想《めいそう》」です。

瞑想というと、なにか高尚なことのように思えますが、日本の文化は、このように瞑想を日常の生活のなかに取り入れていました。僕たち現代人も、瞑想をもっと身近なものとしてとらえてもいいのかもしれません。

瞑想の効用は、単に「怒りを消す」ための方法論というだけでなく、いろいろな意味で非常に射程が広いものです。

本当の知恵を得る方法

そのひとつに、「本当の知恵」を得るための方法論としての瞑想があります。たとえば、西洋医学はこれまで、僕が本書で紹介してきた仏教や東洋思想の知恵を援用してきませんでしたが、その理由の一端は、「瞑想を知らなかった」ことにあるのではないか、と僕は考えています。

「わしも知らんがな」といわれそうですね。たしかに、僕ら現代人も、ほとんど瞑想を知りません。しかし、かつて瞑想はかなり一般的なものだったのです。たとえば、般若心経《はんにゃしんぎょう》という有名なお経のなかに出てくる「般若波羅密《はんにゃはらみつ》」は、〝瞑想のなかで得たすばらしい知恵〟という意味です。

つまり、本や人の話などから得た情報や知識はもちろん重要ですが、もっと大切な本当の知恵は、「自分の内側」や「世界の外側」といった〝目に見えない世界〟にある。そして、そこへアクセスするためには瞑想しなければいけない、というのが、仏教という巨大な思想体系が教えてくれるひとつの核心です。

じつはこうした考え方は、西洋思想でも、ギリシア哲学くらいまでさかのぼれば、そう珍しいものではありません。ギリシア哲学の祖といわれるソクラテスは、ダイモーンとの対話によって自らの哲学を構築したといわれています。では、ダイモーンとは誰かというと、簡単にいえば神さまです。

さて、ソクラテスといえば、ヨーロッパ思想史上に輝く賢人ですが、いったいどれだけ勉強した人なのでしょう？　我々が想像するのとは違い、その知識は、本を読んだり、講義を聞いたり、実験したりして得たものではないようです。ソクラテスの弟子のプラトンが『饗宴《きょうえん》』という本でソクラテスのことを書いていますが、それによると、ソクラテスは瞑想のなかで、神であるダイモーンから啓示を受けていた。それが、ソクラテスの知を形づくったというのです。

ソクラテスは生きていた当時から、誰もが認める大賢人でしたから、何かの集まりがあるときにはみな、ソクラテスが来てすばらしい話をしてくれるのを心待ちにしていました。しかし、ソクラテスは遅刻の常習犯でもありました。なぜ遅刻してしまうかというと、しょっちゅう「神がかり」になって、2、3時間のあいだ、固まって動かなくなってしまっていたからです。この神がかり状態はおそらく、ヒンドゥー教でいうところの「サマーディ」にあたるものだと思いますが、つまり、瞑想によって神との対話に入っているわけです。ダイモーンからの啓示を受け、感動でボロボロ泣いている。そして、サマーディのあいだにダイモーンと交わされた対話をみんなに伝える。そうしたものが後世、ソクラテスの哲学として僕らに伝わっているわけです。知の源流には、そういう見えない世界との「内なる対話」があったのです。

洋の東西を問わず、2000年以上前の世界で知の最前線にいた人たちは、人間が人間たるべき知恵を求めて瞑想し、自己との対話を行う習慣を持っていました。いまは「知」というと、ほとんど自分の外側にある「情報」とイコールになってきていますね。自己との対話によって得られる知がどんどん目減りしてきていることによって、僕たちは、自分らしい言葉をだんだんと発せられなくなっている面があるのだと思います。

もちろん、外部的な知、つまりは「情報」も重要です。ただ一方で、自分の心のなかと対話することがないと、人間知としてのバランスが取れなくなるだろうと僕は思います。

自分の心のなかには宇宙にも負けないくらい、汲《く》めど尽きせぬ知の井戸がある。少なくとも、かつてはそのように考えることが常識だったのです。

一方で、僕らの日常を支える心の技法としても、瞑想の役割は大きいものがあります。本書のテーマである「怒りを消す」ことについても、いろいろな技法があるものの、結局のところすべては瞑想につながっている、といっても過言ではないのです。実際、ここまで述べてきた「心を見つめる」（15ページ）、「深呼吸」（107ページ）、「念仏を唱える」（108ページ）といった方法論は、瞑想の技法の一部を使ったものです。

瞑想によって「網の目的世界」を実感として自分のなかで認識することができれば、怒りは消しやすくなります。それは「なんで人間関係がうまくいかないんだ」「なんでこんなに仕事が辛《つら》いんだ」という悩みが、じつはすべて僕らの心に起因したものだということを、心の底から納得できるようになるからです。

怒り、悲しみ、イライラにかられている自分の心が出している「毒」に気づくことができれば、視界が開けて、自然と怒りが消えていきます。怒りにしても、妄想にしても、自分にはすごくリアルに感じられるので、実在しているとしか思えませんが、実際には、僕らの心のなかだけに存在しているものなのです。

「すべての感情は幻である」というのは、理屈では理解できると思うのですが、実際にそれを消すのは非常に難しいことです。**瞑想することによってはじめて、僕らは心の底から「怒りの妄想性」に納得し、受け入れることができる。**そして、そういう〝心の底からの納得〟なしには、根強い〝怒り〟を消し去ることはなかなか難しいのです。

怒りを消し去り、心をリセットすることができれば、エネルギーがわき、やる気も起こってきます。頭がスカッとすることで、仕事の能率も、遊びの効率も上がります。瞑想には、疲れた心を再生させる効果もあるのです。

瞑想の基本

前置きが長くなりましたが、瞑想の具体的な方法を紹介していきます。瞑想にはいろいろな流派がありますが、本書では深入りせず、基本的なところだけを解説します。実際に試みていただき、興味を持たれた方は、ぜひ専門の指導者について学んでください。

◇座り方

室内を静かにして、照明を暗くして座ります。半跏趺坐《はんかふざ》といって、あぐらの状態から、右足を左の腿《もも》の上にのせた座り方が基本です。背筋を伸ばし、左手の上に右手を重ね、親指同士が軽く触れるようにします。この手の組み方を法界定印《ほっかいじょういん》といいます。

もしも背筋を伸ばしたり、あぐらを組んだりすることが難しければ、座布団を2つ折りにしてお尻の下に敷いてください。また、それでも姿勢を保つのが難しいと感じたら、椅子に腰掛けて行っていただいてもかまいません。

ただし、背もたれにはもたれかからず、浅く腰掛け、背筋をスッと伸ばしておくことだけは必ず心がけてください。

姿勢のなかでもとくに背筋の状態は、意識レベルと相関しています。しっかりと伸ばしておかないと、瞑想に必要な集中力が落ちてしまいます。背筋が曲がったまま静かに目を閉じていると、必ず眠気が襲ってきます。逆に、背筋をちゃんと保って座っているかぎり、前日寝不足でも眠くはなりません。

瞑想の座り方と手の組み方

法界定印
左手の上に右手を重ねる
背筋はまっすぐに伸ばす！
半跏趺坐
左腿の上に右足をのせる

◇呼吸

姿勢を整えたら、軽く目をつぶり、深呼吸をします。腹式呼吸でゆっくり息を吐いていきます。お腹《なか》をへこませながら15秒くらいかけて、ふーーーと長く息を吐き、最後に「ふっ」と吐ききったら、自然に息を吸い込みます。これを繰り返すだけでもだんだんと気持ちが良くなって、瞑想が終わったときには視野がパッと広がります。

ただ、深呼吸というのは全身の筋肉を使いますから、けっこう疲れます。1ヵ月くらい瞑想を続けて、慣れてきたら、今度は「逆腹式」の深呼吸にチャレンジしてください。逆腹式の深呼吸というのは「お腹をへこませながら息を吸い、お腹をふくらませながら息を吐く」ということです。そうすると、さらに深い呼吸になって、集中力が高まります。もちろん、身体《からだ》がきつければ、普通の深呼吸でけっこうです。

〈瞑想の基本手順〉

① 室内を静かにして、照明を暗めにする。

② 座って背筋を伸ばし、手を前で組む。

③目を静かに閉じ、深呼吸をする。

集中力を高めるコツ

瞑想を行うと、頭のなかにいろいろな想念がわいてくると思います。まずは、それらの想念を見つめることで、自分の頭のなかがどれだけ妄想や怒りだらけかを、十分に認識することが大切です。そのうえで、次のステップとして怒りを消していくことになります。ただ、やってみるとわかりますが、なんの助けもなくこれができる人はあまりいません。怒りを消すためには、集中するための対象が必要です。これにはさまざまな方法がありますが、自分に合ったものを選んで取り組んでみてください。

●呼吸を見る

自分の呼吸に意識を集中します。息を吐くとき、「お腹のなかにもやもやある黒い霧のような怒りを、口からすーっと、はるか向こうに吐き出す」といったイメージが、最初のうちはわかりやすいでしょう。また呼吸を数えるのも有効です。呼吸のたびに「ひとつ、ふたつ……」と数えていき、９つまで数えたらまた最初に戻ります。

●念仏を唱える

１０８ページで述べた念仏を唱える、というのも瞑想法として優れています。宗教をお持ちであれば、それぞれの念仏があります。たとえば浄土真宗なら南無阿弥陀仏《なむあみだぶつ》、宗派によっては仏さまのご真言でもいいでしょう。そういうものを１００回ほど唱え、だんだんと自分の唱える念仏、真言に集中することができれば、妄想は消えてくれます。

宗教をお持ちでなくても、「般若心経」ならなじみがあるという方もいらっしゃるでしょう。できれば諳《そら》んじて、毎朝３回ほど唱えるというかたちでもけっこうです。

信心はないけれど、自分の内側に対する集中力を増すための方法論として、念仏をお借りするのでも罰は当たらないと僕は思います。

●ハミングをする

「ン〰〰〰」とハミングをするだけでも、瞑想法としての効果があります。ハミングで生じる振動が身体全体を包み込み、体内に光が満ちてくるようなイメージを描いてください。10分ほどハミングをして、最後にゆっくり深呼吸をして終わります。

経験論でいうと、音の振動は身体のリフレッシュに有用です。これはあくまでも僕の推論にすぎませんが、振動を受けることで身体が分子レベルでリフレッシュされるのではないか、と思っています。

瞑想といっても、ただ黙々と行う辛気臭いものだと思う必要はありません。もし近所に大声を出しても迷惑にならないような場所があれば、「ウォー」と遠吠《とおぼ》えをするのもいいでしょう。きれいな声を出そうなどと思わずに、身体に振動が起こるような野太い声で叫んでみてください。

●光を見る

「光を見る」というのは、比較的、初心者にもお勧めできる方法です。目をつぶると、まぶたの裏にうっすらと光が見えると思います。瞑想のときは薄暗がりにするわけですが、それでもうっすらと光を感じることができるでしょう。この光を「見よう」と集中します。

光の感覚が生まれてきたら、それをだんだんと自分の周囲を包むように「広げよう」と集中します。

●身体感覚に注目する

自分の身体の感覚に注目するという方法もあります。153ページで紹介した法界定印の親指の、触れるか触れないか、という先端部分に意識を集中させます。

●観法

観法《かんぽう》というのは、お月さまや、大日如来《だいにちにょらい》、不動明王《ふどうみょうおう》といった仏さまの姿を、心のなかでありありとイメージする、という瞑想法です。これは、どこまでリアルにそれをイメージできるか、ということがポイントです。

仏像であれば、大日さまが吐いた清涼な息が自分のなかに入ってくる、というところまでイメージして、それに感動できるくらいになれば、かなり集中できていると考えてよいでしょう。

月を思い浮かべる方法は「月輪観《がちりんかん》」といわれているものです。肘から手首ぐらいの直径の月の図を、自分の目の高さで、2・5メートルほど前に掲げ、それを自分の胸のなかに入れ、ふくらませたり、縮めたりする瞑想法です。

この瞑想法の特徴は、一体感です。瞑想によって無になった自分のなかに仏さまが入ってくる。すばらしい存在である仏さまと一体になることで、自分自身が充実し、元気が出てくるというものです。信仰に詳しくない方でも、たとえば、アニメ『ガンダム』に登場するモビルスーツと人間が一体になるようなものといえばわかりやすいでしょうか。あるいは、アニメ『エヴァンゲリオン』のように、シンクロすればするほどパワーが増していく、というイメージです。

●名越オリジナル

僕も長年、瞑想を続けていますが、どんなやり方をしているか、ご参考までにお話ししましょう。

朝は体操と水浴びです。起きてすぐ、寝転がりながらできる「足助《あすけ》体操」というストレッチ系の体操を15分くらいやります。これは、赤ちゃんが生まれてから立って動けるようになるまで、どんなふうに体を動かしていったかを運動に取り入れたもので、「生まれなおしの体操」と呼ばれています。ほとんど寝たままできて、体が柔らかくなり、内臓がよく動くようになります。考案者の足助次郎先生が書かれた本（『これで安心　医療体操』太陽出版）も出ているので、興味のある方は読んで実践してみてください。すごく健康になるし、起き抜けにやると気持ちがスカッとして、いっぺんに覚醒します。

そのあと、僕は水浴びをします。このレッスンの初めにも書いたように、水浴びもこもり（瞑想）です。冷たい水をザアアアアッと浴びると、自然にハアアアアッと息が吐き出されて、その最中は何も考えなくなります。そこで完全にリセットされて、気持ちが入れ替わり、身体も、細胞がよみがえったようにシャキッとするのです。

じつは、ある高名な和尚さまに、「僕はいま、時間が十分になくて、いろいろな修養をすることができません。読経、瞑想、お行《ぎょう》のどれをいちばん優先してやったらいいですか」と聞いたことがあります。すると、「水を浴びなさい」とアドバイスしていただいたのです。

それからずっと水浴びを続けており、冬は寒すぎるので、温かいお湯で半身浴を5、6分やって汗を流してから、冷たい水をザアアッと頭から1分間くらいかぶっています。

夜は、寝る前に必ず瞑想をします。長いときで20分、短いと10分くらい、集中して行います。僕の場合は、自分でめぐったお寺の仏さまを思い浮かべながらやっていますが、このやり方は僕のオリジナルなので、正しく行うには、信頼できる指導者についたほうがいいでしょう。

以上、駆け足で紹介してきましたが、最初に述べたとおり、瞑想法に本格的に取り組まれたい方は、お寺で行われる講座などで、専門家の指導を受けながら実践することをお勧めします。

世界選手権の決勝戦に臨むような気持ちで座る

ここまでの解説を読んでいただくと、瞑想というのは、思った以上に集中力とエネルギーを使うものだということがわかると思います。

一般的に、瞑想には「心が落ち着いてリラックスできるもの」というイメージがあります。それは完全に間違いとはいえないのですが、じつは誤解を招く表現でもあるのです。たとえば「いまから瞑想しましょうね。はい、リラックスしてください……」というやり方では、なかなか瞑想状態に入ることができません。瞑想の結果としてリラックスすることはあっても、リラックスすることによって瞑想状態に入ることはできないのです。

瞑想状態に入った人の意識は、たしかにリラックスしていますが、そこに入るためには、日常よりも高い集中力が求められます。サッカーやフィギュアスケート、あるいは水泳といった競技の世界選手権を、テレビなどでご覧になったことがあるかと思います。自分がその舞台に立ち、いまから「やるぞ！」というくらいの緊張感と気合をもって座る。それくらいでないと、心が落ち着いた瞑想状態には、なかなか入れないのです。

ここはけっこう誤解の多いところだと思います。たしかに、最終的には怒りの消えた、究極のリラックス状態に入ることが目的なのですが、そこに入るためには集中力が必要です。そのために、姿勢と呼吸を整え、念仏を唱えたり、いろいろなイメージを使ったりするのです。

たとえば、「毎朝、山歩きしたら健康になった」という人がいるのはおかしくないですが、登山口で「山歩きってすごいですね！　私、もう健康になっちゃいました！」という人がいたらおかしいでしょう。何十日か山歩きをしているうちに体力がついてきて、健康になる。それと同じで、瞑想も、ずっと取り組んだ結果として、怒りが減って、リラックスできるようになるのです。

もちろん、30分も集中して瞑想をやれば、その瞬間に「ああ、楽になった」と実感できるくらいの効果はあります。それなりにリラックスできるし、心から怒りも消えるでしょう。ただ、それはあくまで結果であって、入り口のところから「リラックス状態」を目指してもうまくいきません。

「いやなことがあったから、忘れるために瞑想しようかな」程度では、望みが小さい。背筋を絞るように「くわっ！」と気合を入れ、覇気をもって臨んでいただければと思います。

正しくできたかどうかは気にしない

瞑想に臨む気合は大切ですが、ちゃんと正しくできているかどうかを、あまり気にする必要はありません。はじめのうちは、うまくイメージが結べなかったり、光をとらえられなかったりするかもしれませんが、そのうちにできるようになっていきます。最初から完璧を期そうとすると、これでいいのだろうかという不安がよぎります。不安を感じながらやるのが、いちばんよくありません。その時点で雑念が入ってしまっているからです。

僕もはじめのころはそうでした。ただ、100日ぐらいしたら、ちゃんとできているかどうかはどうでもよくなりました。この、「できている・できていない」の軸をなくすことが、ひとつの小さな悟りといえるでしょう。それよりも集中できたか、できなかったかが重要な基準になります。しっかり集中できていれば、本当にスカッとします。雑念ばかりで集中できていないときは、モヤッとした気持ちが残ります。正しいかどうかより、スカッとできたかどうかが大切なのです。

それと同時に、瞑想は「毎日」やることがポイントです。「1時間瞑想しました！（その後、1週間やってませんけど）」というよりも、「1日5分ですが、毎日続けています」というほうが、ずっと効果があります。

理想的には寝る前、お風呂に入り、部屋の片付けも済ませて、あとは寝るだけ、というときに、部屋の電気を薄暗くして、静かな環境で行うのがよいでしょう。もちろん、そういう時間帯にやることが難しいのであれば、毎朝やっていただいてもいいですし、他の続けやすい方法を選んでいただいてけっこうです。

瞑想の落とし穴

僕自身が瞑想を行う動機には、自分を含めた人間存在が持つふがいなさ、至らなさというものがあります。レッスン5で紹介した「怒りを観察する」（96ページ）に取り組んでもらえれば、誰でも、「人間というのはなんて怒りっぽくて、ふがいない存在なんだろう。どうにかしたい」という気持ちが生まれてくると思います。それが「ああ、瞑想をしなくては」という動機になるのです。

この動機を忘れないようにすることが、個人的には大切だと思っています。というのも、**瞑想は、少しできるようになると、自分がひとかどの人物になったかのように勘違いしてしまいやすい**ものだからです。

自分自身の至らなさ、ふがいなさを忘れて瞑想をしていると、地に足がつかなくなってしまうことがあります。瞑想をして「人の心を読めるようになった」「仏の世界に近づいた」

「すごい人徳が身についた」というのは、ほとんどの場合、妄想です。

僕が学生のころ、チョギャム・トゥルンパというチベット仏教者が書いた『タントラへの道―精神の物質主義を断ち切って』（チョギャム・トゥルンパ著、めるくまーる、1981年）という本が話題になりました。そこで、なるほどと感銘を受けたのは、「自分のほうが精神世界の修行が進んでいる」といったかたちで優劣を競うのは、〝精神の物質主義〟に陥っていることにほかならない、という批判でした。考えてみればそうですよね。「瞑想などの仏教修行を行う人のほうが、世俗を生きる人よりも偉い」という比較を行っている時点で、その人は世俗の競争社会の枠組からまったく自由になっていないということですから。「私は瞑想をやっているから、あの人より偉い」と思っている人の心のなかは、間違いなく怒りで曇っています。

でも、こういう本をチベット仏教者が書かなくてはいけないくらい、この「瞑想の落とし穴」は危険なものだということです。僕ら凡人は、肝に銘じておいたほうがいいでしょう。瞑想を始めてから妙に厭世《えんせい》的になったり、人を見下した選民思想にかぶれだしたら、危険信号です。

現実世界に足場を置き続ける

たしかに、仏教的な悟りの世界に魅力を感じるようになると、現世に生きることがなんだか俗っぽくて、本質に迫っていない、無駄なことに感じてしまう気持ちもわからないではありません。でも、大乗仏教の考え方に拠《よ》るなら、現世に生きることと、仏教的に生きることは、本当は矛盾しないはずなのです。

仏教には「色即是空《しきそくぜくう》、空即是色《くうそくぜしき》」という言葉があります。仏教的な考え方に触れていると「見えているもの」(=色)と「見えていないもの」(=空)を比べた場合、たしかに見えていないもののほうが本質的なものに思えてきます。しかし、「色即是空、空即是色」という言葉が意味しているのは、「見えているもの」は、「見えていないもの」すなわち本質的な存在を、すでにはらんでいるということなのです。

対人関係とか、日々の生活のあれこれといった世俗世界の「色」は、たしかに俗っぽくて本質的なものに見えないが、そこには必ず、「空」としての本質がある。だから、目の前の世界(色)に対してどのような態度を取るかが、そのままその人の精神世界の質を問うことになる――。これが、僕の理解する大乗仏教的な生き方です。

朝起きてから夜寝るまで、僕らの生活にはさまざまな難題が降りかかってきます。トラブルだったり、突然の来訪者だったり、理解を超えた出来事だったりが降りかかってきたときに、それを嫌ったり避けたりするのではなく、自分に与えられたミッションとして受け取るのです。

たとえば、あなたがデートに出かけたとします。しかし、彼女と落ち合った直後、よそ見をしていて水たまりで転んでしまう。ふたりとも泥だらけになって、予定していた食事も映画も、すべてご破算になってしまった。

そういう状況を、単に「あるべきはずだった未来（デート）がダメになってしまった」ととらえるのか、そこから始まる「何か」を感知するのか。そこに分岐点があります。予測や予定がすべてご破算になったときこそ、その人の真価が問われるのです。

〝現場〟というのは、どれほど知識を積み上げても、宿命的にそれらが破綻してしまう場所なのです。

現場、あるいは現実というものに対して謙虚であり続ける、ということが、瞑想では決定的に重要です。それを踏まえたうえで瞑想を続けていれば、怒りを消し、心を落ち着けることはもちろん、人の話を聞く余裕ができたり、発想が豊かになったりするというかたちで、現実世界でもよい効果を実感できるようになります。世俗の泥にまみれてこそ、瞑想の本当の力が実感できるのです。

ですから、瞑想をやればやるほど、それ以前よりも現実に対して謙虚になっていくくらいでちょうどよいと考えてください。そもそも、怒りが消えて心穏やかであるということは、謙虚であるということなのですから。

日常生活への「揺り戻し」

瞑想は、現実世界の人の環《わ》のなかで、支えたり、支えられたりという関係性を続けていくためにこそ必要なものです。逆にいえば、瞑想にかぎらず、精神世界の取り組みを行う際は、日常生活や仕事といった、その人なりの「現場」での検証を絶対に忘れてはいけないということです。

いまは少し落ち着いているようですが、少し前まで「スピリチュアル」なものは、ひとつのブームを形づくっていました。心霊やオーラ診断などが、テレビや雑誌を席巻《せっけん》していたことを覚えているでしょう。こうした「精神世界もの」では、いわゆる「霊能者」が、普通の人では見えないもの、わからないことをズバリと言い当て、悩める相談者を導きます。そういう構図でスピリチュアルな世界が消費されてきたのです。

僕は、そうした「霊能者」の存在をまったく否定する立場ではありませんが、一方で安易にそういったブームに乗って、精神世界をひとつの「アイテム」として消費する危険性については、少し不安はあります。

20代〜30代のころ、僕は瞑想センターにも通いましたし、いわゆるニューエイジ※の流れを汲むようなグループ療法も体験しました。そこには文字どおりスピリチュアルな要素が、さまざまな形態で取り入れられていました。

ただ、当時のグループ療法では必ず行われていたのに、いまのスピリチュアルムーブメントのなかでは忘れ去られていることがあります。それは「揺り戻し」のプロセスです。かつてのグループ療法では、スピリチュアルな体験の高揚感のあと、参加者がおのおのの家庭、友人関係、社会システムのなかにスムーズに戻っていくためのプログラムが、必ず用意されていたのです。

瞑想の場合も、高度な瞑想状態に入ったときには、感覚が非常に鋭敏になり、周囲の物音や、空気の流れ、におい、雰囲気などがそれまでの人生では経験したことがないくらい、ダイレクトに入ってくることがあります。それは自分の「本当の力」が解放されたように感じられる感動的な体験です。しかし、人はそのあと、日常生活のなかに戻っていかなくてはいけません。「私は世界と一体になった。他の人間とは違うエリートだ」という思いにとらわれてしまっては、なんのための瞑想かわかりません。そうならないために、必ず「揺り戻し」を行う必要があるのです。

※　ニューエイジ
　1960年代にアメリカ西海岸を中心にして生まれた霊的・宗教的思想。また、それに基づく運動。神秘的直観や瞑想などを通じて神の啓示に触れ、神聖な知識や、高度な認識に達しようとする神智学《じんちがく》を淵源とする。

身体と他者を碇とする

「揺り戻し」にはいろいろな方法がありますが、ポイントは「身体性」と「他者性」ということになります。身体を忘れて、意識だけの世界だけに閉じこもれば、人間は万能です。それこそ、「悟りを得た」と感じること自体は、意識の世界だけに閉じこもってしまえば、案外簡単なのです。

だから必ず、身体的な「碇《いかり》」をおろしておくようにします。あぐらを組んで背筋を伸ばして……という瞑想の基本姿勢は、集中力を高めると同時に、意識が身体感覚から離れて暴走してしまわないようにする意図も含まれています。瞑想中にどんなイメージが見え、音が聞こえてきたとしても、必ず身体感覚に軸足を置いておくことが大事です。

「他者性」というのは、現実の他者とのコミュニケーションのなかで、自分の脳内世界と現実世界のあいだの折り合いを付けておく、ということです。瞑想はすばらしいものだし、お勧めはするのですが、その一方で、現実世界をけっして軽視せず、他者とのコミュニケーションの環のなかに居続けることが、意識の暴走を止める碇として、あるいは現実世界での自分自身の立ち位置を調整するための鏡のようなものとして、絶対に忘れてはいけないポイントとなります。

その意味でも、何度も繰り返しますが、瞑想は良い師匠から指導を受けて行うのが望ましいと思います。そうすれば、おかしな方向に行く確率をぐっと減らせるし、仲間をつくることもできるからです。

レッスン8

「性格分類」を学んでストレス解消！

感受性は人によって違う

怒りを消すのにいちばんいい方法は瞑想《めいそう》です。ただ、瞑想だけで、対人関係の問題を解決するレベルまでやっていける人は限られていると思います。少なくとも、僕のような怒りっぽい人間にとってはなかなか難しいし、そもそもきちんとした師匠について毎日一定の時間、瞑想に取り組める環境にいるというだけでも、かなり恵まれた人といえるでしょう。だからこそ、日々の生活のなかでこまめに怒りを振り払っていく技法が必要となるわけです。

そうした日々の生活における対人関係をやりくりしていくにあたって、僕がプラスアルファのツールとしてお勧めしているのが性格分類です。

僕らは毎日、普通に生活しているだけでも他人の言動に翻弄されています。「なぜこの人は気の利いたことを言えないのか」とか「なぜこの人は皆が悲しんでるときに、そんな冷たい言い方しかできないのか」「なぜこの人は肝心なときにいつもうろたえてしまうのか」ということを、常日ごろ感じながら過ごしています。この「なぜ○○なんだ」という感情は、ほとんどの場合、怒りです。そしてこの怒りは、「他人も、自分と同じ感受性を持っているはずだ」という、ある種の思い込みに基づいています。

感受性とは何かというと、要するに「どういうものに惹《ひ》かれ、どういうものを拒絶するか」という傾向のことです。たとえば植物の茎や葉には、自然と光（太陽）に向かって伸びていく向光性という性質があります。あるいは逆に、光を嫌う生き物もたくさんいます。それと同じように人間にも、論理を感受性の中心に置く人、感情を中心に置く人など、さまざまなタイプの人がおり、その性質は基本的に変えることができません。経験的にはみなさんも、自分や友人がそれぞれ驚くほど異なる感受性に基づいて生きていることを知っていると思います。そうした感受性の違いのことを、僕らは「性格」という言葉で日常的に呼んでいるのだと思います。

性格分類は、その感受性の違いをいくつかの類型に分ける試みです。これによって、僕らは対人関係の根幹にかかわるふたつのテーマを深めることができます。ひとつは「人間にはさまざまなタイプがいる」と学ぶこと。もうひとつは「それを見る自分が、どんな感受性の色眼鏡をかけているか」を学ぶことです。性格分類によってこのふたつのテーマを深めていくことで、日常のさまざまな場面でより深く人を理解し、許せるようになっていきます。

とくに、時間的、空間的に差し迫った状況であればあるほど、それぞれの人間が持つ感受性の癖が露骨に出てきます。そういうときに、「この人はこのタイプだから」ということがわかっていると、言動をある程度予測できるし、許せるようになります。

たとえば、いわゆるクレーマーへの対応ひとつとっても、一律ではダメだということです。あるタイプの人は、その場ではすごく激高しているように見えるけれど、気分がころころ変わるので、それほど心配する必要はない。別のタイプの人は、すごく落ち着いていて、淡々と文句を言っているように見えるけれど、ひとつ話が食い違うと延々とこじれていくから慎重にしたほうがいい、ということがわかってくるのです。

相手のタイプによって対応を変え、またこちらの心構えも柔軟にしておくことができれば、日々の仕事のなかで感じるストレスが、半減とまではいかなくても、かなり減ってくるはずです。

あなたはけっして〝多数派〟ではない

「性格」には、誰しも一度は関心を持ったことがあるのではないでしょうか。しかしながら、性格分類に対しては、頭から拒否感を覚える方もいるようです。

たとえば僕がライフワークにしている性格分類（後述）で「感情（陽）タイプ」に分類される人は、こんなタイプであると説明されます。

「丸顔の妹タイプで、その場をパッと明るくしてくれる存在ですが、どこか無責任なところがあります。それでもみんなから愛されるキャラクターです。悪い面は、依存的でわがまま、感情的。自分の好きにやりたいくせに、責任は取りたくないタイプ」

こういう説明を聞いた瞬間に、「ああ、そういう人いるよね！」と納得される方がいる一方で、拒否反応を示す人も少なくありません。その気持ちはよく理解できます。ひと言でいえば「そんな分類に根拠はあるのか？」という疑念です。たとえば、血液型分類は、科学的な思考を好む人からは嫌われます。B型は気まぐれとか、変人とかいうのには科学的根拠はない、とばっさり否定されてしまう。科学主義が強いいまの世相では、一時期テレビですら、血液型分類の話題は自粛ムードになったくらいです。

性格分類についても、論じるに値しないと考える人もいます。あるいは、性格分類が役立つのは認めるが、副作用もあるのではないか、と批判する人もいます。すべての人間を類型にあてはめると、固定観念を持って人を見てしまうことにつながるのではないか、ということです。たしかに、性格分類における、西洋科学的な意味での研究データの蓄積は、十分なものとはいえません。また、固定観念を強化してしまうおそれがまったくないともいえません。ですから、「毒」というか、副作用があることは間違いないのです。

にもかかわらず、「怒りを消す」ことを目的とする本書で、僕がこれを伝えておこうと考えるのは、そうした害よりも、性格分類を学ぶ益が大きいと考えるからです。実践的に役立つし、何より「自分を知る」という動機でこれを学んでいくと、本当に豊かな発見があっておもしろいのです。

なぜ性格分類を学ぶ益が大きいのか。それは、対人関係のありとあらゆる場面において、僕らは他人の言動を、どうしようもないくらい主観的に受け取っているからです。性格が10種類あれば、そこには10種類分の固定観念があります。そして、性格分類を学ばないかぎり、その性格が拠《よ》って立つ固定観念に気づくことは非常に難しいというのが、僕の臨床的な実感なのです。

僕らは往々にして、「私の見方」にすぎないものを、「人類普遍の見方」と勘違いしてしまっています。たとえば、「こんなことされたら、怒るのが当たり前だろ！」といわれることがありますが、同じことをされても怒らない人も大勢います。あるいは同じ冗談でも言われて怒らない人がいれば、怒ってしまう人もいるのです。「自分の感覚世界は、何種類かある性格類型のひとつにすぎない」と知ることが、性格分類を学ぶ最大の意義です。言い換えると「自分の感性は少数派である」と認識することが大事なのです。

10種類に分類するならば、自分の感じ方は全体の10分の1であり、4種分類でも4分の1の少数派だということを受け入れざるをえなくなります。そして**「自分が少数派である」ということを心の底から理解できると、それだけでも人は、他人に対してかなり謙虚になる**ことができます。自分とは異なる他者の言動を、冷静に受け入れることができるようになるのです。

性格分類について「偏見の温床になる」と懸念する人がいるのはよく理解できるのですが、一方で、**「偏見から自由になる」のに、性格分類を正しく学ぶ以上の方法論はなかなかない**のではないか、というのが僕の考えです。たしかに、間違って学ぶと、ただ単に他人の性格を類型的にあてはめるだけになってしまうおそれがありますが、きちんと学んでいけば、必ず深みのある人間理解につながります。とくに、自分の気質、性格について客観的に理解するという点においては、性格分類を正しく学ぶ以上の方法はないというのが僕の実感です。

「型」に分類することに抵抗を覚える人もいらっしゃるでしょうが、あくまで「怒り」を消す技法として読み進めていただければと思います。

入門に最適な「類人猿分類」

ひと口に性格分類といっても、その種類はさまざまで、大まかなものとしては、3つとか4つに分けるものがあります。有名なところでは、エルンスト・クレッチマー（ドイツの精神科医。１８８８～１９６４）の３分類があり、これは循環型気質、分裂型気質、粘着型気質の３種に分類しています。人間を３種類に分けるのは、すごく強引な感じがしますが、分類数の少ないものは、性格分類の入門編として学びやすく、実践的でもあります。

クレッチマーの分類による気質の特徴は、次のようなものです。

循環型気質　丸型の体型。明るい性格で、人付き合いが良い。ただし、気分屋のところもある。

分裂型気質　やせ型の体型。文学的で神経質な性格。天才的な発想で飛躍もするが、神経が細く、参ってしまいやすいところがある。

粘着型気質　筋肉質でがっしりした体型。几帳面《きちょうめん》な性格。真面目だが、頑固で融通が利かない。

分類数の少ないものは、「感受性の違いによって性格を分類する」という性格分類の本質的な部分より、どちらかといえば「どうすれば対人関係がうまくいくか」という問いにダイレクトに答えてくれるものといえるでしょう。

もうひとつの例として、僕が仲間と取り組んでいる「類人猿分類」という性格分類を紹介しておきます。これは、生物学的に最も人間に近いといわれる大型類人猿であるチンパンジー、ボノボ、オランウータン、ゴリラの4つの名を冠した分類です。実際の類人猿の生態の違いを、人間の性格類型にあてはめているのがおもしろいところです。

類人猿分類では、4象限の分類図を使って性格を分類します（次ページ図）。たとえば「冷静」で「保守・安定」志向の人はゴリラタイプで、「感情豊か」で「追求・達成」志向の人はチンパンジータイプ、となります。単純といえば単純なのですが、この分類にしたがってグループワークを行うと、見事にそれぞれの性格傾向が浮き彫りになります。

たとえば、オランウータンタイプの人は、個人で何かをつくるようなワークでは力を発揮しますが、グループで力を合わせて何かひとつのものを完成させるといったワークでは、他のタイプに後れをとってしまいます。あるいは、ゴリラタイプの人は、他のどのタイプと一緒にワークをやっても上手にソツなくこなす、といった面が見られます。

これは、4つのタイプがそれぞれ、心の奥底で求めているものがまったく違うからで、

類人猿分類

ゴリラタイプは「（チーム・仲間の）秩序・安定」を、オランウータンタイプは「（自分の）納得」を、チンパンジータイプは「（プロジェクトそのものの）成功」を、ボノボタイプは「（目の前の相手との）共感」を、最上位に置いています。表面上は目的を共有しているように見えて、心の底ではそれぞれまったく別の目的を持っているのです。

このことを理解しておけば、仕事やプライベートなど、対人関係の現場での無駄な衝突を避けることができるでしょう。また、より良い成果をあげていくためのヒントにもなるはずです。

4つのタイプについて、もう少し詳しく紹

介しておきましょう。

〈ゴリラタイプ〉

比較的冷静で、状況に対して受動的。変化を嫌う安定志向。マニュアルどおりに物事を進めたいタイプです。対人関係は控えめで、あまり自己主張はしません。新しいことを始めるときには非常に慎重になるため、職場でもはじめは目立たず、場合によっては能力も低く見られがち。ただし、仕事を覚えたあとは着実で失敗が少なく、みんなの期待に応える頼りがいのある人物に成長していきます。

リーダーとしては、「和を以《もっ》て貴しとなす」タイプ。不満を抱いている人はいないか、困っている人はいないか、チームの仕事が滞りなくできているかに心を砕く調整型。頼りになるが、一方で決断力がないという側面もあります。

階段を一段一段のぼっていく仕事のやり方は、とくに目的最優先の「チンパンジータイプ」をイラつかせるので、この組み合わせで仕事をするときは、最初のうちゴリラが苦労します。機が熟せば能力を発揮するので、周囲は長い目で見守ってあげるのがベストです。

〈ボノボタイプ〉

「愛されたい」「嫌われたくない」が行動の基軸。「ゴリラタイプ」が静かにまわりの人を見ているのとは好対照に、「ねえ、聞いて」「今日の服、どう？」と頻繁にアピールしてくる〝かまってちゃん〟タイプです。感情が豊かで、相手に対する思いやりもこまやか。その一方で、自分が相手にどう思われているかも気になって仕方がない。人と話をするのが好きで、ひとりで過ごすのが嫌いです。

コミュニケーション能力が高いので、ムードメーカーになり、営業職や、グループでの仕事に力を発揮しますが、人前でのプレゼンテーションや、論理的な説明は苦手。出世欲はそれほどなく、みんなと仲良く過ごすことが最大の関心事です。

「チンパンジータイプ」の攻撃性や、「オランウータンタイプ」「ゴリラタイプ」の冷静さに、自分は嫌われているのではないかと不安になることもしばしば。このタイプには、まとめて大きなご褒美をあげるより、日々、こまめに声をかけてあげることが大事です。

〈オランウータンタイプ〉

個人主義の職人タイプ。何事に対してもまず自分の頭で考え、自分の思想を押し通します。集団行動は苦手で、プレゼン能力はあるのにコミュニケーションが下手。話し合いで決めるのではなく、独断でものごとを決めてしまいがちです。

直観力が鋭く、高い創造性を発揮するので、周囲から称賛を浴びることも少なくありませんが、他人の評価より、自分の納得性を重視。自分自身が納得できないと、仕事のモチベーションも一気に下がってしまいます。

感情をあまり表に出さないので何を考えているのかわかりにくく、感情豊かな「ボノボタイプ」や「チンパンジータイプ」からは、付き合いづらい人、変わった人と思われている可能性は大。しかし、褒められようとけなされようと結局は自分の知性、感性を貫くため、周囲からは「マイペースの人」だと思われています。

〈チンパンジータイプ〉

進取の気質に富み、感情が豊かで、明るく社交的。目にも力、声にも力があり、覇気を前面に押し出して、リーダーシップをとりたがるいわゆるボスタイプが多く見られます。人を励ますことが得意な半面、時として相手を責めたり、押しつけがましくなったりすることも。

グループのなかでどんな評価を受けているかということには非常に敏感なので、独断にまでは至らないものの、自分の意思を遂げたいという気持ちは強く持っています。一番乗りをしたい、いちばん目立ちたいなどと、競争心は旺盛。ファイト満々でありながら、心が折れやすく、寂《さび》しがり屋の一面も持っています。

このタイプに関しては、「あんたが大将」「あんたがボス」と、立ててあげることが何より大事。立ててあげれば上機嫌、立てずにいると不機嫌になる、わかりやすい性格です。

類人猿分類の考案者である岡崎和江さんは、ある総合食品関連企業でお仕事をされている方なのですが、この分類法を人事研修に取り入れておられるそうです。社員一人ひとりが類人猿分類を学ぶことによって、互いの性格、感受性の違いがよくわかり、チームワークが改善するといいます。

名越式性格分類

3、4種類程度に分類するものに比べて、9種類、10種類といった数に分類するものになると、性格分類の本来のあり方である、モノの感じ方、受け取り方の違いを弁別する、という側面もより強く出てきます。有名なものでは、9種類に分類するエニアグラム（「改革する人」「助ける人」「達成する人」などに分けるもの）がありますが、ここでは、整体で知られる野口晴哉《はるちか》先生がつくられた「体癖論《たいへきろん》」をベースに、僕の臨床経験を加味してつくった性格分類をご紹介したいと思います。

「体癖論」は、野口先生が何万人という人の身体を診て、体質・気質を分類したもので、身体と心は非常に密接に関連しているという、いわば臨床上の発見に基づいてつくられています。

ただし、分類数が多いことや、臨床的な情報が膨大なゆえに、必ずしも完全には体系だっていないということもあり、すべてを誤解のないように解説することは容易ではありません。そこで本書では非常に雑ぱくに、「こんなものですよ」という概要を紹介しておきます。それでも、ある人についてのより詳細な性格や、対応法がつかめるでしょう。

193ページに10種類の性格分類の表を示します。まず大まかに5つのタイプ（横軸）に分け、それぞれ陰陽2タイプ（縦軸）に分けます。5タイプ×陰陽2タイプで計10タイプに分類するというわけです。そして、それぞれを1種～10種と呼びます。

陽と陰は、エネルギーを外に発散しようとするか、内側にためこもうとするかの違いですが、陰と陽では、同じタイプでも与える印象はかなり違います。たとえば、感情（陽）タイプの人は感情を外に発散するので、いかにも感情（的な）タイプだなとイメージしやすいのですが、感情（陰）タイプの人は、感情を内側にためこんでいるので、一般的にはあまり「感情的」には見えない、表情がわかりにくいタイプということになります。これを踏まえたうえで、横軸の5種類と、それぞれの陰陽タイプを順に紹介していきましょう。

●知性、論理、思考を感受性の中心に置く「頭脳タイプ」

頭脳タイプは感情の起伏が少なく、地味ですが、上品で物知り、そして冷静に物事に対応できます。その一方で、理屈っぽすぎたり、物事を知識としてとらえるため、感情の機微に弱かったりします。

〈1種　頭脳（陽）タイプ〉

頭脳（陽）タイプ＝1種は、いわゆる「男性は理屈っぽい」とされる部分、つまり言語・論理中心で世界をとらえることを好む人たちです。キーワードは「**地味**」。

そのイメージを動物にたとえると、キリンやゾウ。大きく、ゆったりと歩く感じです。顔は長くて、大きめ。首はしっかりしています。誰の話にも鷹揚《おうよう》に耳を傾け、感情的にならず、それなりに存在感があるけれど地味な人。平等で、いつも落ち着いていて、理性的、かつ品が良い。

ただし、悪いほうに出ると、これしか正しいものはないという、教条主義に陥ってしまいがちです。理念的になりすぎて妥協ができず、融通が利きません。また、普段からあまり行動的ではないのですが、危機的な状況になると、さらに動けなくなってしまいます。論理的思考の人なので、直観力に欠け、緊急時の即決即断ができないからです。したがって急場のときにはあまり頼りになりません。現実から少し距離をとったところからものご

名越式性格分類の10種分類表

	頭脳	感情	行動	闘争	集注
陽	1種 キリン、ゾウ	3種 リス、ウサギ	5種 サメ、タカ	7種 ライオン	9種 野生の猫、クロヒョウ
陰	2種 シカ	4種 クリオネ	6種 クジャク	8種 ゴリラ	10種 カルガモ

とにアプローチすると、最も実力を発揮します。
　どちらかというと、官僚には向くが、政治家には向かないタイプといえます。

〈2種　頭脳（陰）タイプ〉

　頭脳（陰）タイプ＝2種は、受け身で、自分の考えというよりは、他人の言葉に左右されやすい側面を持っています。キーワードは、頭脳タイプ共通の「**地味**」。
　動物にたとえると、シカ。首が細く伸びた草食系。落ち着いていて、1種よりは神経が細やかなイメージです。
　身体は細く上半身が貧弱で、首に力が

感じられないのが特徴です。人が良く、あまり突飛なことは言わずに、よく仕事をする、サラリーマンぽい地味な人。視点は鋭いが、けっして個性的ではなく、大声を出されるとひるむものの、陰では皮肉っぽいことも言い、大胆な発言はしないけれど、相手の弱点をけっこう知っています。

1種が人より論理的、観念的に考えるのに対し、2種はよりイメージを膨らませて思考します。また、いっさいの趣味趣向や偏見を差し挟まず、いろいろな人の話を平等に聞くことにおいて、2種の右に出るものはいません。人の話を本当に伝聞できるのは、2種だけだと思われるほどで、文献学者、リポートを書く人、書記、あるいは伝統文化の継承は、2種の力なくしては難しいとも考えられます。

さらに組織のなかで人と人をつなぐ役割も果たしており、目立たない存在で、感情でぐいぐい押されると弱いくせに、5年、10年と組織を運営するうちに、いちばん権力を握っていることもありうるのが、このタイプです。細くて、弱々しく、地味で、声もよく通らないのに、どこか怖いところがある、普段は陰気で静かだけれど、じつはすごく力を持っている事務局長タイプ。

なお、2種も1種と同様に急場の役には立ちません。人の話を偏見なく聞くということは、そこに優劣をつけられない側面があり、したがって、緊急時の優先順位がつけられず、すべて同列のまま、何も手を付けられなくなってしまうからです。2種も最前線には向かず、少し離れたところで本領を発揮できるのです。

ちなみに恋愛も地味で、あたかも義務を確実に果たすような付き合い方をします。

●感情、主観を感受性の中心に置く「感情タイプ」

頭脳型とは対照的に、論理よりも感情が優先するタイプです。

〈3種　感情（陽）タイプ〉

感情（陽）タイプ＝3種は、明るく、かわいく、人に対して共感的な、周囲の人にとってアイドルのような存在です。キーワードは「**ころころ変わる感情**」。3種の人の感情は、とくに原因もないのに移り変わってゆくのです。

動物にたとえると、リスやウサギ。かわいらしくて、ちょこちょこ動いているイメージです。

丸顔ぽっちゃりの方が多く、そうでなくてもいわゆる童顔です。他人に対する共感性があり、頭の回転もよく〝利発〟という言葉がぴったりあてはまりますが、感覚が鋭い分、物事をじっくり考えるタイプではありません。その場をパッと明るくしてくれる存在ですが、移り気なところが無責任な印象を与えることもあります。それでもみんなから愛される、「ドラえもん」でいえば、しずかちゃんのようなキャラクターです。

悪い面は、依存的でわがまま、感情的。自分の好きにやりたいくせに、責任は取りたくないタイプ。また、周囲はころころ変わる感情に、振り回されがちになります。3種以外の人は、原因があって感情が変わりますが、このタイプは原因なしに感情がどんどん変わっていくのです。うれしい話を聞いてしばらくは喜んでいても、だんだん腹を立てだしたり、悲しみだしたりします。まわりは、きっと何か原因があるのだろうと思い、あれが原因か、これが悪かったのかと勘繰りますが、それはすべて無駄なことなのです。

「本人はすごく理性的に判断しているつもりなのだけど、じつはお腹《なか》が減っているときは機嫌が悪く、満腹だと機嫌がいい人」というと、イメージがしやすいと思います。

〈4種　感情（陰）タイプ〉

感情（陰）タイプ＝4種は、自分がどんな気分なのかが自分でもよくわからない、感情がはっきりと定まらないタイプです。自己主張が少なく、はかなげな印象の人たちで、「**自分の感情はわからないが、他人の感情が先に入ってくる**」がキーフレーズ。

動物のイメージにたとえるとクリオネですが、妖怪の「一反木綿《いったんもめん》」になぞらえたほうがわかりやすいかもしれません。やせていて細く、つかみどころのないイメージです。また、大和撫子《なでしこ》的な女性のイメージと重なるところもあります。

人の話に共感的で、やさしく清楚《せいそ》。しかし、自分では何も決められず、あわただしい日常のなかでは、ふらふらふらふらと人のあとについていくしかありません。一方で、自然にまわりの環境に適応していき、なかなか決められない気質が幸いして、気づけば家族中を自分のペースでコントロールしていることもあります。また、いったんへそを曲げたら、何年でも押し黙っているような、陰気なイメージもあります。

自分の感情をとらえることが難しい人たちですが、目の前にいる他人の感情は素早く感じ取ります。自分の気持ちより、他人の気持ちのほうが先に入ってきてしまうので、何か気持ちがざわざわしてきたと思ったら、気づかぬうちに涙が出ていたということも起こります。自分ではなく、目の前の相手がすごく悲しんでいたからです。

相手に対する共感力、ホスピタリティが非常に高いので、看護師やコンシェルジュに適性がありますが、あまり相手に共感しすぎると疲れてしまうこともあるでしょう。

●陰と陽で印象がガラリと違う「行動タイプ」

行動タイプの陽と陰は、感受性の中心に何を置くかが違っています。さっそくそれぞれの詳細を見ていきましょう。

〈5種　行動（陽）タイプ〉

行動（陽）タイプ＝5種は、「成果」「最短」「空間」といったことを感受性の中心に置きます。頭脳タイプのようにじっくり考えたり、感情タイプのように気持ちに流されたりせず、目的に向かっててきぱきと行動し、実際に結果を出していく人たちです。キーワードは「**合理性**」。

動物にたとえると、サメやタカ。ひたすら前に進むイメージです。

体型はスラッとした筋肉質で、目力《めぢから》が強い。理性的で、判断力もあり、リーダーシップも備えています。その人が意識していないにかかわらず、目標に向かって最短距離で、サクサク進んでいく。情に流されず、てきぱき仕分けができるタイプです。

なんでもサクサク結論を出し、サクサクことを進めていくので、ビジネスパートナーとしては最高の相手に思えるのですが、そうとはかぎりません。相手の身になってもう少し我慢してほしいときにも、さっさと見切りをつけてしまうなど、あまりにも目先の損得勘定に走りすぎてしまうところがあるのです。短期間で利益を上げるような仕事は大得意ですが、我慢して我慢してだんだん信用を獲得していくような商売には向きません。

頼りがいはあるけれど、自分もスパッと切られそうだなと、相手に冷たい印象を与えてしまう可能性もあります。

非常に活動的で、スポーツが得意な人が多いのも特徴。5種の人には、空間を制覇することが大きなモチベーションになります。一方、座ってじっくり本を読むとか、2時間半もある長編映画を黙って見続けるというのは苦手です。

同じ「合理」でも、頭脳タイプの人が記録などを丁寧につけるのに対し、行動タイプの人は、記録、報告といった行動を軽視することも多く、いってみれば「報告書の類は3行以上書かない」というタイプでもあります。

〈6種　行動（陰）タイプ〉

行動（陰）タイプ＝6種は、「理想」「幻想」などを感受性の中心に置きます。つまり、ロマンあふれる物語の中心にいつもいたい人です。センスは抜群なのですが、どこか夢見がちな目のすわり方をしていて、現実から乖離《かいり》しており、周囲の人を振り回してしまうところがあります。発想力にはすばらしいものがありますが、それが実現するかどうかにはあまり責任を持たない。ひとつ間違えれば、行動がともなわない夢想家にもなるタイプです。キーワードは「**二面性**」と「**自己陶酔**」。

動物にたとえると、クジャク。センスが良く美意識が高い芸術家のイメージです。

体型はやせ型で猫背。あごが少ししゃくれています。男性はお尻が薄い優男。女性はセクシーで、とろんとした誘惑的な目をしています。

男も女も雰囲気のあるカリスマ性を備え、映画には絶対に欠かせない存在で、ジェームズ・ディーンもこのタイプです。

カリスマ性とは裏腹に、個人の生活では意外に対人関係は狭く、小さな世界のなかにとどまってしまうところがありますが、いったんひのき舞台に立つと、何百人、何千人を魅了してしまう。そういう二面性を持っています。また、異性を魅了する力が強いので、男女関係が必然的なテーマになり、大事な秘密を異性に打ち明けたりすることもあります。

低血圧で、朝弱い人が多いのも特徴です。つい約束の時間に遅れたり、ルールを破ったりすることも多く、それによって鬱散《うっさん》しているところもあります。

●競争、勝敗にこだわる「闘争タイプ」

体格的にはがっちりしていて、ぐっと踏ん張って、仕事でもなんでも頑張るタイプです。少し怒りっぽいところもありますが、同じ「感情的」でも、感情タイプのようにころころと気分が変わることはありません。「なにくそ、負けるか！」という、相手と張り合う感情なので、持続性があるのです。競い合う現場には欠かせないキャラクターで、パワフルで力比べ的な競技や格闘家などに向いたタイプといえるでしょう。

〈7種　闘争（陽）タイプ〉

闘争（陽）タイプ＝7種は、どちらかというと攻めに強く、「一番になりたい」という思いが前に出るタイプです。キーワードは「**張り合う**」。

動物にたとえると、ライオンですが、これはいいイメージの場合です。良いほうに出れば、俺についてこいという頼りがいのある親分肌の人になりますが、悪いほうに出てしまうと、ケンカっ早くて唯我独尊のめんどくさいボスになってしまいます。

身体はがっちりしていて、首が太く、鼻はあぐらをかいています。力強い目と、太く大きな声。それほど大きな声を張り上げなくていい場所でも「我ここにあり」といった大声で話し、いつもどこかケンカ腰の風情を漂わせている印象があります。

女性はお尻をぷいぷいぷいと横に振って歩き、男性は肩で風を切って歩きます。服装も、肩パットが入ったような自分を大きく見せる服。プレゼントするのも大きなもの。乗る車も大型車、といった傾向が見られます。

性格的な特徴は張り合うこと。一番が大好きで、勝たないと意味がないと思っている人が多く、また、誇大な表現を好みます。30センチの魚を釣れば、あくる日には50センチになっているし、また次の日には1メートルにと、話がどんどん大きくなっていきます。べつに騙《だま》そうという気持ちはなく、自然にそうなってしまうのです。

義理人情に厚い親分肌で、人をはげまし、守ります。リーダーシップも頼りがいもあるのですが、時に押しつけがましく、情熱が空回りしてしまうのも、このタイプにありがちなことです。覇気がない人を見ると、つい「なぜおまえはもっと頑張らないのだ」とお尻を叩《たた》いてしまい、励ましすぎて嫌がられたり、相手を疲れさせてしまったりするのです。

〈8種　闘争（陰）タイプ〉

闘争（陰）タイプ＝8種は、守りに強く、地道にコツコツ努力を重ねるタイプです。キーワードは「**守りたい**」と「**負けるまい**」。

動物にたとえるとゴリラ。キングコングなどは凶暴に見えますが、ゴリラというのはじつは、みんなが幸せでいるかどうかいつもまわりを気にして、仲間を守ろうとしているのです。そんな、攻めより守りのイメージです。

体型は7種と同じようにがっちりしていますが、7種に比べると少し丸みを帯びて地味な感じがします。

喧嘩が強いのも7種と同様ですが、8種はどちらかというと攻めるより守りに強いタイプです。

怪獣でいうとゴジラが7種で、ガメラが8種。どちらも怪獣界の大ヒーローですが、ゴジラは切れやすく、怒ると敵味方なく攻撃し、いつでも戦闘モードにいるイメージ。8種のガメラは、弱いものを守ろうとして戦います。ガメラのモチーフになっているカメ自体が守りに強いイメージで、形も丸みを帯びています。

また、7種の人が一番になりたがるのに対して、8種の人は一番になるのは荷が重いと感じます。一番よりも、二番がいい。リーダーとして一番になることを求められても、ついひるんでしまうようなところがあります。

「勝ちたい」よりも「負けるまい」という気持ちが強いのも、8種の特徴です。試合によく勝つスポーツ選手でも、本人にしたら、勝ちたいばかりではなく、負けたくないという意識の人も多くいます。一般的にはゴルフのうまい人に8種が多く、野球でも下半身がしっかりしていないといけない投手や捕手に8種が多いようです。

●集中力の発揮の仕方に差がある「集注タイプ」

最後が集注《しゅうちゅう》タイプですが、これも行動タイプと同じく、陽と陰が対になっているようには感じにくいかもしれません。それぞれを見てみましょう。

〈9種　集注（陽）タイプ〉

集注（陽）タイプ＝9種は、「直感」「執着」を感受性の中心に置くタイプです。つまり、ひとつのことに集注し、物事にこだわりぬく人たちです。キーワードは「**こだわり**」と「**集注力**」。

動物にたとえると、野生の猫、またはクロヒョウ。森の木の上から獲物を狙って体をキューッと縮め、ピュッと飛びかかるイメージです。

身体を縮めて力を出すのが特徴で、顔も真ん中にギュッと寄っている感じの人が多く、身体にいつも緊張感があります。体格は、小柄ででっちりの人が多いのですが、なかには大柄な人もいます。怒っているわけではないのに、座っているだけで異様な空気がふっと出てくるような怖い印象を放ち、服は黒やグレーを好みます。

他のタイプの人でも何かを好きになれば集注するわけですが、このタイプの人は、その集注が過剰になってしまいます。ひとつの店に行き始めると、週に何回も、しかも何年も続けて通い詰めてしまうほどです。また、何かを教えるときに、結論だけ教えるということができず、「そもそも」から話したがるのもこのタイプ。料理の作り方を教えてくださいと頼んだのに、「それなら、まず素材から」と、家庭菜園のやり方を教え始めてしまうような、ある種の極端さや過剰さが特徴です。職人的に能力を高めていくことができる一方で、公平に、バランスよく、ということは苦手です。

ひとつのことにこだわり、名人、達人になった人も多くいて、たとえばチャップリンもそのひとりです。変人、奇人も大勢います。何より、異常なほどの「集注力」と過剰なこだわりは、社会生活に支障をもたらすこともあります。

まず、サラリーマンには向きません。サラリーマンをやっているとすれば、その仕事は全面的にその人にしかできない類のものなのでしょう。他の人と組んで連携して何かをやることが苦手で、チームプレイよりも圧倒的に個人技が多く、自分のことは全部自分でやらないと気がすみません。

よく言えば完璧主義、職人気質、天才肌。悪く言えば融通の利かない変人です。

慎重で、いつも緊急事態のような感覚のなかにいるので、常にリラックスすることがありません。集合写真を撮るときでも、無防備な真ん中ではなく、自然に写真の端に写っているのです。表に出るより裏で糸を引く裏ボスタイプでもあります。

〈10種　集注（陰）タイプ〉

集注（陰）タイプ＝10種は、まわりに自然と人が集まってくる人たちで、包容力があり、矛盾したような表現になってしまうのですが、「集注力」を360度に拡散して使うタイプです。キーワードは「**慈悲**」と「**博愛**」。

動物にたとえると、カルガモ。ただし体型ではなく、いつも子どもをたくさん引き連れているイメージです。

10種は骨盤が開いた体型です。30歳を超えたら太ってくる人も多く、大きいけれど平べったいお尻をしています。自分を頼りにしてくれる人を我が子のようにかわいがり、世話を焼きたがるグレートマザーのような気質がこのタイプの特徴で、それは男性も同様です。大顔顔は、花が開いたような役者顔。主役しかできないような美男美女も多くいます。大顔で、仏さまのようないかにもやさしそうな顔をしていますが、パワーとエネルギーは絶大で、自分の仕事に凝ったときには、9種同様、ものすごい「集注力」を見せます。9種と違うのは、それが個人技ではなく、たくさんの関係者すべてに対して行われることです。黙っていてもなんとなく人が集まってきて、集合写真を撮ると自然に真ん中にいるタイプ。放っておいても注目され、また注目されている状態が自分でもいちばん自然だと感じています。

9種に比べると感情の表現も豊かですが、話は意外におもしろくありません。器が非常に大きく、なんでも受け入れて、気もよくまわるタイプですが、八方美人すぎてしまう一面も持っています。そうなると、身内も外もなく、みんなに平等に接しますが、それが行きすぎて、家庭のある女性なら旦那さんのお皿とペットのお皿を同じにしてしまうようなことも起こります。世話好きですが、やや雑なところがあるのです。

あえて分類すれば、「ドラえもん」はこのタイプでしょう。

性格分類を利用して怒りを消す

さて、あなたはどのタイプでしょうか。周囲の人は、どのタイプだと思いますか？

続いて本書の主題である「怒りを消す」という観点から、各タイプを見てみましょう。性格による怒り方の違いを理解しておくと、自分の怒りを消す意味でも、他人の怒りを理解する意味でも、役立つことが多々あると思います。

●頭脳タイプの冷酷な怒り

頭脳タイプの人は、一般的には感情の起伏が少なく、すさまじい怒りにとらわれることは少ないように見えます。しかし頭で考えすぎるあまり、将来への不安で頭がいっぱいになってしまう面を持っています。また、いったん怒り始めると、非常に冷酷に相手を切り捨ててしまうような一面も持ち合わせています。感情タイプの人と比べると、論理で怒っている分だけ、情け容赦なくばっさりと切り捨てることができてしまうのです。

頭脳タイプの人たちは、何より論理やルールといった上位概念を重視する感受性を持っているので、ルールを破る人たちにはどうしても腹が立ってしまいます。たとえば行動タイプの人たちは、(陽)も(陰)も、丁寧に記録をつけたり、事細かに下準備をしたりするのは苦手です。そういう人たちが、出たとこ勝負でよい結果を出してしまうのが、頭脳タイプにとっては許せない、ということがよくあります。行動タイプが行き当たりばったりでも成果を出してしまうのは、記録や秩序を大切にする頭脳タイプからすると、ひとつ間違えれば自分を否定されているようにも感じてしまうのです。

●TPOをわきまえない感情(陽)タイプと、つかみどころのない感情(陰)タイプ

より正確にいうと、この「感情タイプ」の〝感情〟とは、心理学でいうところの「使用される感情」、すなわち、対人関係上で相手を操作するための感情ではなくて、もっと〝身体に根ざした気分〟という意味での感情ということです。さて、ころころと感情が変わる

感情（陽）タイプの怒りには、頭脳タイプや行動タイプの怒りに見られる、相手をばっさり切るような冷酷さ、あるいは深刻さはあまりありません。怒る回数は多いけれど、そこまで深刻に怒っているわけではなく、それこそお腹が満たされたら収まるような、比較的、小さな怒りといえるでしょう。

しかし、感情（陽）タイプの怒りには、「ＴＰＯをわきまえずに怒りを発散する」という顕著な側面があって、これに周囲の人間は悩まされることになります。デパートなどの公共の場所で、泣きわめく子どもに困らされた経験のあるお母さんならイメージしやすいと思うのですが、ああいうときの子どもは、「こういう場所で泣きわめけば親が困る」とわかって騒いでいるところがありますね。感情（陽）タイプの怒りも、わざとＴＰＯを踏み外すことによって、こちらの行動を本能的にコントロールしようとしている部分があるのです。

怒っていたと思ったら笑い、笑っていたかと思えば悲しむ。そうやってころころ変化する感情によって、場の空気を支配していく。誰にとっても制御不能ですが、とくに頭脳タイプにとっては最も御しがたいタイプの怒りでしょう。

一方、同じ感情タイプでも、（陰）タイプの人はそうは怒りません。いつもニコニコ、周囲の様子をうかがっているように見えます。しかし、その仮面の向こうで、じつは20年越しぐらいで相手を恨んでいたりするのが、感情（陰）タイプの怒りの怖さなのです。

しかも、本人も「自分が怒っている」のに気づいていないことすらある。それくらい、感情（陰）タイプの人は、自分の感情、つまりは「いま自分がどう思っているか」ということをはっきりつかめていないのです。ですから、感情（陰）タイプの人は文章を書いても、論旨がつかみづらくなりがちです。感情が固まって形になるのに、時間がかかってしまうのです。

次に紹介するのは、医学書院で行った講座でいただいた質問です。この人は間違いなく感情（陰）タイプの傾向が強い人だと思います。

〈講座では「怒りをどう鎮めるか」ということがテーマになっていましたが、私は感情をあまり表さないタイプで、むしろ「怒ってよ」と言われることすらあります。怒ってもいいような場面でも怒らないことから、向こうにすると「本物の関係性が築けていない」と感じるのだそうです。自分としてはまったく怒っていないつもりもないのですが、言われてみると、本当に「怒った」という記憶はありません。なぜめったに自分が怒れないのか、怒らないままでいいのか、怒るほうがいいのか、わからないでいます。〉

論旨がわかるようでわからない、独特の文体ですよね。読者のみなさんがもし行動タイプや闘争タイプだとすれば、「結局、何が言いたいの?」と苛立《いらだ》つのではないかと思います。でも、そういうときこそ性格分類を活用してください。「この人は感情（陰）タイプだから仕方ない」とか、「自分は闘争タイプだから腹が立つんだよな」と考えられるようになると、イライラせずに済む場面は少なくありません。

●行動（陽）タイプのあっさりした怒りと、怒りで相手をコントロールする行動（陰）タイプ

怒り方という点では、いちばんあっさりしているのが行動（陽）タイプです。仕事が滞ったり、何か都合の悪いことがあれば怒りますが、自分の言いたいことを言ってしまえば、それで気が晴れて、あとに引きずることはあまりありません。ただ、それだけ割り切りが

早いということは、簡単に他人を見切ってしまったり、裏切ってしまったりもする、ということです。話が通じないと思ったら、ネチネチと文句を言わず、スパッと見捨てて相手にしなくなる。良くも悪くもはっきりしているのが、行動（陽）タイプです。

同じ行動タイプでも、行動（陰）タイプは（陽）タイプとは違い、怒りながらも相手に依存している面が強い。どこか「相手（とくに異性）をコントロールしようとする」意図が含まれた怒りです。行動（陰）タイプは、心底怒りに燃えているようなときにこそ、相手の心をわしづかみにして、振り回してしまう面があるのです。

たとえば落ち込んだときには、「ああ！　私は、なんて悪い人間なんだろう!!」と、自分自身に怒りの矛先を向けることで、「かわいそうに」と慰めてくる人を懐に招き入れる。ところが、しばらくおとなしく慰められていたかと思うと、ふとしたひと言をきっかけに、「なんでそんなことを言うの!?　もうあなたのことは信じられない！」と怒りの矛先をこちらに向けてきたりする。そうやって相手を振り回すのです。

さんざん振り回された相手が「あなたはあなたのままでいいんだよ。私にできることがあればなんでも聞くよ」と言いだすところまで誘導するのが、行動（陰）タイプの真骨頂です。

行動（陰）タイプの怒りの最大の特徴は、「怒りによって相手の愛情を試す」ということです。しかし、そうやって試した結果、相手が簡単に巻き込まれてくれないとわかると、気持ちが冷めるスピードもけっこう速い。このスピードの速さは、陰・陽ともに共通する、行動タイプの特徴です。

●闘争タイプにとって重要なのは「勝ったか負けたか」

闘争タイプの怒りは「勝ち負け」にかかわるものなので、わかりやすそうに思えるのですが、他のタイプから見ると、「なんでそこまで勝ち負けにこだわるの？」「そんなことまで勝ち負けで考えていたの？」と、疑問符が付くほどこだわってしまうので、必ずしも他のタイプにとって理解しやすい怒りというわけではありません。

仕事はもちろんのこと、恋愛やプライベートでも闘争モードです。闘争（陽）タイプの人は、「人間というのはおしなべて競争が好き」であり、「どんな場面でも人は競い合っているものだ」と思い込んでいる面が強いのですが、実際には闘争（陽）タイプ以外で勝ち負けを好むのは行動（陽）タイプぐらいです。闘争（陽）タイプの人は、他のタイプの人がそれほど勝ち負けをはっきりつけることにこだわらない、ということを理解できるようになると、人間理解の幅がぐっと広がり、コミュニケーションで失敗しにくくなるでしょう。

同じ闘争タイプでも（陰）タイプの人は、（陽）タイプの人ほど怒りやすくはありません。勝ち負けにこだわるという点では同じですが、闘争（陽）タイプの人が、「勝ちたい」という気持ちから積極的に勝負を仕掛けるのに対して、闘争（陰）タイプは、「負けたくない」という気持ちが強い。だから、自分から攻撃性をあらわにすることはあまり好まないのです。ただ、その分、心の奥底には怒りをため込んでいくことになりがちですから、我慢したあげくに切れてしまう、ずっと我慢をし続けてストレスで体を壊してしまう、ということにもなりかねません。

●水面下に潜む集注（陽）タイプの怒りと、じつは最も怖い集注（陰）タイプ

集注（陽）タイプの怒りは、表面的にはほとんど表出されないにもかかわらず、水面下

でふつふつと燃え続けるのが特徴です。長い時間をかけて恨む、という点では感情（陰）タイプにも似ていますが、集注（陽）タイプの人は、それを自覚している、という点が感情（陰）タイプとは違います。10年でも20年でも、ふつふつと怒りの火を絶やさず燃やし続けるしつこさが、集注（陽）タイプの真骨頂です。

したがって、他のタイプの人がとっくの昔に忘れているようなことで、ずっと怒っていることもあれば、怒る対象も、ほかの人にはわかりにくく、ほんのちょっとしたことにこだわって、長年、根に持っていたりもします。

これに対して、集注（陰）タイプは、博愛主義的で、来るものは拒まずの太陽のような人たちですから、いちばん怒りとは縁遠いように見えますが、じつは、怒ったときには最も激しく、いちばん怖いタイプでもあるのです。

すべての人に与えるばかりで、何も対価を受け取らないのが集注（陰）タイプ。「お礼なんかけっこうです、喜んでくれたらそれで十分……」と仏さまのような人柄なのですが、相手の「自分を頼ってくれている」気持ちが、ひとたび自分以外のほうを向いてしまったときには、強い怒りの感情にとらわれてしまいます。

たとえば、職場の10人ぐらいで行くスキー旅行の幹事を、毎年毎年、迷惑な顔ひとつせず喜んでやっていた集注（陰）タイプが、何年目かにたまたまひとり、「今年は僕、行けないんです」と言いだすと、とたんにとてつもなく冷たく、不機嫌になってしまう。つまり、「みんなの世話をしてあげたい」という博愛の気持ちが、ふとした拍子に「みんなを支配したい」という怒りに変わってしまう、ということがあるのです。

プラスアルファの学びとして

性格分類は必須のものかといえば、そんなことはありません。性格分類など知らなくても仕事はできるし、子育てもできます。日常生活にも、別に不自由はありません。とはいえ、性格分類を知っていると、僕らの仕事やプライベートは、現実問題としてかなり楽になるのです。

まず、仕事を続けていくうえでのストレスがかなり変わってきます。性格分類を学んでいないときのことを、性格分類をしっかり学んだあとから思い出すと、つまらないことでストレスをためていたな、と気づくことが多いのですが、対人関係によるストレスは、性格分類を学ぶことで半減する人もいるほどです。

また、自分の性格がわかってくれれば、どういう部分を人にお願いしたらいいのか、苦手なことをどうやったらうまくこなしていけるのか、ということもわかってきます。そうすれば、おのずと仕事の成果も上がってくるでしょう。

さらには、プラスアルファとして、人間を理解する好奇心がわいてきて、人とコミュニケーションを取ること、ひいては生きることそのものがおもしろく、楽しく感じられるようになるかもしれません。

つまり、性格分類というのは必修ではなく、プラスアルファの知恵である、ということです。しかし、それを学んでおけば、のちのち仕事がすごくおもしろくなるし、自分の心を守ることにもつながるのです。

あとがき

　この本のオリジナルは、もう5年以上も読み続けられています。いまだに多くの方に読んでいただいていて、とてもうれしく思います。なぜこんなにロングセラーになったのだろうと思うことがあります。もちろん編集者やイラストレーターさんはじめ、数々の本作りのプロの方々のすばらしいセンスと努力の上に、この本が成立したことは間違いありません。そのうえで、自分の立場から言えることがあるとするなら、たぶんそれは臨床を通じて、日本人がとても複雑でユニークな心を持っており、その柔らかくも頑固な日本人の心にどう働きかければ、最も効果的にその人の人生を明るい方向に変えていっていただけるかを、日夜コツコツ考えながら作ったからではないかと思います。

　たった一冊の本にもかかわらず、このなかにはさまざまな技法や理論が効率的に配置されています。一冊でその理屈のすべてを完璧に説明してはいないでしょう。でもそれだからこそ読者は、それぞれの経験をもとにこの本のなかの知識を生かして、必ずしも思いどおりにならないそれぞれの人生を新たに生き始めることができるのだと思います。

この本に副題を付けるとするならば、『人間関係に入る、その前に』ということかな、と思います。生きていくこととは、人間関係の現場のなかに入って、そこでの問題を日々解決し続けていくことです。しかし自分の内側に指標がなければ、思い迷って毎日が不安やストレスの連続にもなりかねません。人間関係の技術に長《た》けた人、他人の表情や思いが読み取れる人ほど、かえって自分を保つのが大変なのです。それが何年にもわたると、確実にその人のなかに辛《つら》さ、苦しさが溜《た》まります。それほど人間はみな、他の人に大きな影響力を持っているということにもなります。

人が人間関係のなかに入っていくときに、必要なものや準備すべきことは何なのか。自分なりにこの本のなかで説明できたと思っていましたが、読者の方々のご要望もあり、今回のリニューアルに際して、性格分類の部分を中心に、かなり加筆しました。これでいっそうわかりやすく、かつ繰り返し読んでいただける内容になったのではないかと思っております。

この本との出会いが、誰かの人生の新しい出発につながれば、と心から祈っております。
どうかよろしくお願い致します。

２０１７年11月

名越康文

〈**性格分類の参考文献**（名越康文著・監修）〉

『人間関係に必要な知恵はすべて類人猿に学んだ』（夜間飛行、２０１５年）
『トリココ―幸せを見つける性格診断 あなたのココロに棲む10の鳥』（リイド社、２０１０年）
『名越式！ キャラわかり』（宝島社、２００５年）
『キャラッ８』（幻冬舎、２００４年）

名越康文［なこし・やすふみ］

1960年、奈良県生まれ。近畿大学医学部卒業。精神科医。専門は思春期精神医学、精神療法。相愛大学、高野山大学で客員教授も務める。臨床に携わる一方で、日本テレビ系「シューイチ」などのテレビ、ラジオ番組のコメンテーター、映画評論、漫画分析など、さまざまな分野で活躍中。『「ひとりぼっち」こそが最強の生存戦略である』（夜間飛行）、『どうせ死ぬのになぜ生きるのか』（PHP新書）、『「他人」の壁』（SB新書 養老孟司氏との共著）など著書も多い。

編集：大森隆
編集協力：小林潤子
イラスト：吉田しんこ

〈新版〉自分を支える心の技法

二〇一七年 十二月四日 初版第一刷発行
二〇二四年 六月二十九日 第三刷発行

著者 名越康文
発行人 五十嵐佳世
発行所 株式会社小学館
〒一〇一－八〇〇一 東京都千代田区一ツ橋二ノ三ノ一
電話 編集：〇三－三二三〇－五一四一
販売：〇三－五二八一－三五五五

印刷・製本 中央精版印刷株式会社

Printed in Japan ISBN978-4-09-825311-1